지금 여기 전태일

민종덕·박승옥

기적의 마을책방

민종덕

전북 정읍에서 태어나 1969년 서울로 올라왔고, 1974년 전태일 일기를 처음 접하고는 이소선 어머니를 무작정 찾아가 노동운동에 투신하기로 결심합니다. 1977년 청계피복노조 총무부장을 시작으로 노조 사무장, 1984년 청계피복노조 위원장, 1987년 전태일기념사업회 운영위원장, 2006년까지 전태일기념사업회 상임이사를 역임했습니다. 2016년 고려대 노동대학원 주최 노동문화상을 수상했으며, 지은 책으로 『노동자의 어머니 이소선 평전』(돌베개)이 있습니다.

박승옥

충남 논산에서 태어나 경복고 문예반원, 서울대 인문대 편집실 『지양』편집위원, 돌베개출판사 편집장, 녹색평론 편집자문위원, 한겨레두레협동조합연합회 회장, 서울시민햇빛발전협동조합 이사장 등을 역임했고, 지금은 충남 공주 사곡면에 있는 햇빛학교 이사장 일을 하며 수행하고 있습니다. 지은 책으로 『잔치가 끝나면 무엇을 먹고 살까』(녹색평론), 『어떻게 걸어야 하나:걷기명상』(기적의 마을책방) 등이 있습니다.

목차

어떤 작별
 / 민종덕

초지능과 기후지옥 세상,
'지금 여기 전태일'은 어떤 삶을 선택할 수 있을까
/ 박승옥

어떤 작별

민종덕

이소선 어머니 묘소에서 묵념하고 있는 민종덕과 박승옥.
2024년 10월 29일. 사진 민종덕.

1. 나는 왜 이 글을 쓰는가?

2024년 9월 22일 새벽 2시, 전화가 울려 장기표 '선생'의 부음을 알린다. 아, 이로써 한 시대가 저물어가는구나!

장기표는 누구인가? 그는 1970년 11월 13일 전태일 사건이 발생하자 가장 먼저 빈소에 찾아와 이소선 어머니를 근처 삼일다방에서 따로 만나 많은 얘기를 나눈 전태일의 첫 대학생 친구였다.

그때 장기표는 이소선 어머니한테 들었다면서 전태일이 생전에 "나한테 대학생 친구 하나 있었으면…" 했다는 말을 세상에 알렸다. 이 말에 당시 청년 학생들은 자책하고 상아탑을 뛰쳐나와 노동현실에 눈을 돌렸다.

이어 대학생들은 전태일 장례식을 학생장으로 치르겠다며 "전태일 선생의 죽음을 헛되이 하지 말자"고 했다. 이것이 계기가 되어 전태일은 땅에 묻히지 않고 되살아나 이 땅의 역사가 되었다.

전태일을 되살려 역사로 만든 주역은 전태일의 어머니 이소선과 장기표 그리고 조영래다. 그 중에 전태일 평전으로 전태일을 완전하게 복원한 조영래가 1990년에 세상을 떴고, 이소선 어머니가 2011년에, 그리고 이제 장기표가 세상을 떴다. 이로써 54년 동안 전태일과 함께했던 이 세 분이 우리 곁을 떠났으니 한 시대가 저물었다는 것을 어찌 실감하지 않겠는가!

니는 그분들과 함께한 지난 50년 동안의 시간들이 주마등처럼 스쳐 지나가며, 만감이 교차하고 복잡한 심경에 더 이상 잠을 이루지 못하고 밤을 지새웠다.

앞서 가신 조영래와 이소선 어머니에 대해서는 마음 깊이 우러나오는 존경심과 추모의 마음으로 장례식을 치렀다. 그러나 이번의 경우에는 이러지도 못하고 저러지도 못하고 엉거주춤한 마음 자세로 가닥을 잡을 수가 없었다.

나는 부음을 듣고 하루를 지체하고 다음날 조문하러 갔다. 가는 동안 내내 장기표에 대해 좋은 생각만 떠올리려고 애를 썼다.

내가 처음 장기표를 만난 때는 1975년이다. 그때 청계피복노동조합(이하 청계 또는 청계노조) 집행부와는 별도로 이소선 어머니와 함께 평조합원 중심으로 조직한 투쟁위원회는 시간 단축 투쟁을 준비하며 광희동의 배철수 조합원 자취방에 모여 있었다. 나는 투쟁위원회에서 홍보기획 일을 맡고 있었다. 여기에 이소선 어머니가 그를 데려온 것이다.

처음에는 그의 이름도 신분도 몰랐다. 그러나 곧 그가 가발을 쓴 모습을 보고 무언가를 짐작하게 되었다. 나는 그가 가발을 쓴 것을 알고 있었으나 계속 모른 척했다.

나중에 알게 된 사실이지만, 그는 민청학련 사건으로 수배되자 부산의 어느 절에서 스님이 되었다고 한다. 법명은 우상이었다.

그 후 나는 그와 긴밀히 만나 많은 이야기를 나누었고, 많은 것을 배웠다. 긴급조치라는 그 엄혹한 시기에 그가 쓴 글을 그의 이름으로 발표할 수 없어, 내 이름과 비슷한 가명 민종숙(閔鍾淑)을 사용해 월간 『대화』에 「인간시장」이라는 글을 발

나는 왜 이 글을 쓰는가?

표하기도 했다.

1977년 2월 말경, 수배 중이던 그가 중앙정보부 요원들에게 체포될 때, 나도 그 자리에서 함께 연행되어 중정에 끌려가기도 했다.

장기표가 구속된 후, 청계노조에는 많은 사건이 발생했다. 그의 재판정에서 벌어진 사건으로 인해 이소선 어머니가 구속되고, 노동교실이 강제 폐쇄되는 일이 있었다. 우리는 이에 결사 항의했다.

전두환 신군부 독재 시절, 장기표는 민통련을 탄생시키는 데 중요한 역할을 했다. 민통련 시절에도 우리는 그와 긴밀한 관계를 유지했다.

그때 민통련 사무실은 장충동에 있었고, 청계노조 사무실은 신당동에 있어 걸어서 오갈 수 있는 거리였다.

내가 그와 관계가 소원해진 것은 그가 민중당을 창당하며 정치권으로 가면서부터였다. 민중당 실패 이후, 장기표는 다양한 정치 실험을 했다. 처음에는 민주국민당(민국당)을 창당했다. 나는 그가 민국당을 창당한 것에 의문을 품었지만, 그에게는 나름의 깊은 뜻과 전략이 있을 것이라고 믿었다.

그는 수많은 정치 실험을 했고, 여러 정당을 창당했으나 결국 원내 진입에 실패하며 생을 마감했다.

나는 장기표가 정치적으로 한 자리 하는 그런 출세를 못한 것을 안타까워하지 않았다. 다만 그가 사민주의든 무엇이든 일관된 정치적 행보를 보이길 바랐다.

말년에 갈수록 장기표는 더욱더 이해할 수 없게 변했다. 일례로 그 많고 많은 망국 10적 중에 하필이면 제1호가 민주노총이고 제2호가 전교조라고 규정했다. 물론 민주노총이건 전교조건 문제가 없겠냐만 그보다 더한 어용조직도 많은데 왜 하필이면 이들을 망국의 적으로 규정하고 규탄했을까? 내 상식으로는 납득이 가지 않았다.

장기표의 장례는 5일장으로 민주화운동기념사업회 주관이었다. 이재오 민주화운동 이사장이 호상이라고 한다. 얼마 전 국회 청문회에서 반노동자 장관 후보, 뉴라이트라는 논란이 거셌던 김문수 노동부 장관이 일찍부터 빈소를 지키고 있었다. 나는 조문을 하고 서둘러 빈소를 빠져나왔다. 불편한 만남을 피하기 위해서였다.

장례 기간 동안 빈소 앞에서 민주화운동 유가족협의회, 민주화운동 추모사업회, 민주화운동 계승연대 회원들이 '장기표 이천민주공원 안장 반대' 피켓을 들고 침묵시위를 벌이는 일이 있었다. 또 (사)민주화운동동지회 명의의 '장기표 이천민주화운동 기념공원 안장 반대' 성명서가 SNS로 올라오고 있었다. 참으로 보기에 민망하고 당황스러웠다.

조선일보는 연일 장기표를 띄우는 기사를 쏟아내고, 윤석열 대통령의 추도의 말과 김건희 여사의 생전 병문안 소식을 전한다. 뿐만 아니라 국민의 힘 당 지도부는 '장기표 정신'을 연일 들먹인다.

장례기간 내내 혼란스러웠다. 전태일을 살려낸 장기표는 어디에 있는가?

군부독재 시절 반짝이는 통찰력, 거침없는 용맹함, 그리고 따뜻한 인간애로 시대의 선봉에 서서 우리를 이끌었던 장기표를 어디 가면 다시 만날 수 있을까? 나는 여전히 헤매고 있다.

나는 왜 이 글을 쓰는가?

2. 만남, 사회 활동

나는 한반도에서 남과 북이 서로 총을 겨누고 대량으로 살상한 6.25 한국 전쟁이 끝나는 시점인 1953년 음력 5월(양력으로는 7월) 전쟁의 상흔 위에 새살처럼 태어났다.

내가 태어난 곳은 동학 농민군이 최초로 승리를 거둔 황토현 근처 전북 정읍군 덕천면이다. 우리 가족은 1960년대 산업화 과정에서 도시로 대량 이농하는 여느 가족처럼 서울로 이동했다. 그 대열에 나도 끼어서 1969년에 서울로 올라갔다.

이농이라는 거대한 물결에 떠밀리듯 서울로 온 나는 청소년기에서 청년기로 접어들 때까지 이 공장 저 공장을 전전하면서 내 삶의 방향을 정하지 못해 방황했었다.

그러던 중 1974년 청계천 헌책방에서 철지난 잡지에 난 전태일 사건에 관한 기사와 전태일의 일기 일부분을 보고 내 삶의 방향을 정했다.

그때까지 나는 전태일 사건을 모르고 있었다. 전태일은 1970년 11월 13일 노동자의 인간다운 삶을 위해 "우리는 기계가 아니다", "근로기준법을 지켜라" 외치며 평화시장 앞길에서 분신했다.

그가 남긴 일기 내용은 자신보다 더 약한 동료들에 대한 애정이 너무나 절절했다. 나는 어쩌면 나와 비슷한 처지라고 생각한 그의 진정성에 끌려 감동했을 것이다.

전태일 기사를 본 나는 그 기사에 적힌 전태일 집 주소를 바로 외웠다. 그 주소는 지금도 뚜렷이 기억하고 있다. 서울특별시 성북구 쌍문동 208번지.

그해 연말인지 다음해 초인지 정확한 날짜는 기억이 나지 않지만 나는 겨울에 쌍문동 208번지를 찾았다.

내가 사는 동네는 영등포구 목동(지금은 양천구)으로 서울의 강서 쪽이었다. 쌍문동은 서울의 강북 쪽이었다. 당시는 목동이나 쌍문동은 서울의 가장 변두리였다. 목동에서 버스를 타기 위해서는 염창동까지 논과 밭길을 걸어가야 했다. 쌍문동 208번지 역시 창동 버스 정류장에서 내려 포도밭과 낮은 야산을 넘어 공동묘지가 있었던 곳까지 걸어가야 했다.

그러니까 목동에서 쌍문동까지 가기는 버스를 두 번 갈아타고 거의 한나절 가량의 시간이 소요되는 거리였다.

나는 주소 하나 덜렁 가지고 혼자서 전태일의 집을 찾아갔다. 당시 나는 빵모자를 쓰고 다녔다. 내가 빵모자를 쓰고 다닌 이유는 멋을 부리기 위해서가 아니라 얼마 전에 친구들과 시내를 다니다 경찰한테 장발 단속에 걸려 파출소에서 강제로 머리를 깎였기 때문이다.

그 시절 박정희 군부독재는 미풍양속을 해친다는 이유로 장발과 미니스커트를 단속했다. 파출소에서 머리 한쪽만 쥐가 뜯어먹은 것처럼 깎인 나는 깎인 그 부분만 가리기 위해서 빵모자를 쓰고 다녔다. 일종의 소극적인 반항심에서 머리를 깎지 않은 상태를 유지한 것이다.

시골길 같은 산길을 걸어 찾아간 쌍문동 208번지 전태일의 집은 70년대 전형적인 판자촌의 판자집이었다. 그날은 평일 낮이었는데도 이소선 전태일 어머니가 집에 계셨다.

이소선 어머니는 사전 약속이나 예고도 없이 낯선 사람이 불쑥 찾아왔으니 경계하는 듯한 눈빛으로 나를 맞이했다. 나중

만남, 사회활동

에 들으니 혹시 정보부 쪽에서 보낸 사람이 아닐까 해서 경계하는 마음도 있었다고 했다.

어쨌든 문 밖에서 이런 저런 인사말을 하던 끝에 이소선 어머니께서 안으로 들어오라고 해서 인사를 드리고 찾아오게 된 이유를 말씀드렸다. 전태일의 일기와 사건 내용을 알고 감동해 전태일의 뜻에 따르고 싶다는 취지의 말씀을 드렸다.

이소선 어머니는 잠자코 내 얘기를 듣더니 "그렇다면 평화시장에 취직을 해서 일을 하세요."라고 했다.

나는 꼭 그렇게 하겠다고 약속을 했다. 그리고 곧바로 청계천 봉제공장에 취직을 했다.

50년 전 나는 이렇게 전태일을 만났고, 이소선 어머니를 처음 만났다.

청계천 봉제공장에 취직한 나는 곧바로 전국연합노조 청계피복지부(이하 청계노조)에 가입했다. 청계피복노조는 전태일 사건이 계기가 되어 1970년 11월 27일 결성된 노조이다.

내가 맨 처음에 노조원으로 투쟁에 참여한 것은 1975년 12월 23일 시간단축 농성 투쟁이다. 이 투쟁은 엄혹한 유신독재 시대에 전개된 청계노조의 정체성을 확립하는 중요한 투쟁이었다.

이후 나는 노조의 대의원, 구역담당 위원, 운영위원을 거쳐 1977년 6월 청계노조 총무부장이 되어 집행부 상근 간부로 활동하게 되었다.

1977년 8월 박정희 유신정권은 청계노조가 운영하는 노동교실을 강제 폐쇄시키고, 노동교실 실장인 이소선 어머니를 구속시켰다. 나는 이에 항의하는 결사투쟁에 참여해 결사(決死)

를 실행하기도 했으나 죽지는 않고 살았다.

1980년 12월 전두환 신군부는 청계노조 간부들을 군경합동 수사본부로 연행해 일주일간 조사를 했다. 이어 1981년 1월 신군부는 청계노조를 강제 해산시켰다. 이에 항의해 청계 조합원들은 외국기관인 아프리에서 농성투쟁을 했다. 이로 인해 나는 2년 반가량 수배생활을 했다.

수배생활 중인 1983년에 전태일 평전 출판에 일조했다.

1983년 11월 13일 전태일 13주기를 계기로 전두환 신군부에 의해 강제해산 당한 청계노조를 복구하기 위한 운동을 대중적으로 전개하기로 했다. 나는 청계피복노조 복구 준비위원장으로 활동을 개시했다. 이어 1984년 4월 8일 청계피복노조를 복구하고 복구된 청계피복노조 위원장으로 선출되었다.

전두환 신군부는 복구된 청계노조를 불법노조라는 명분으로 탄압했다. 이에 청계노조는 노-학연대 투쟁을 전개했다. 3차에 걸친 청계피복노조의 복구투쟁은 치열하게 전개되었다. 나는 이로 인해 수배되었다가 1985년 9월 체포되어 구속되었다. 집시법, 노동조합법 등으로 2년 실형을 받았다.

나는 1987년 7월 석방되었다. 석방 후 그해 8, 9월 노동자 대투쟁 시기에 거제 대우조선 노동자 이석규 사망 소식을 듣고 이소선 어머니 등과 함께 현장에 찾아가 장례투쟁에 동참했다. 이 사건으로 1년 가까이 수배가 되었다.

수배 생활 해제 후 그동안 구속, 수배 등으로 유명무실해진 전태일기념사업회를 정비해 기념사업 기틀을 마련하기 시작했다. 나는 전태일기념사업회 상임이사로 활동했다. 이 시기에 전태일 노동학교를 개설하고, 전태일 문학상, 전태일 노동상을

만남, 사회활동

제정했다.

전태일기념사업회는 서울시의 청계천 복원 사업을 계기로 2005년 전태일 거리-다리를 조성하고, 전태일 다리에 전태일 반신상을 설치했다. 그리고 전태일 거리에 참여자 동판을 설치하는 사업도 벌였다.

3. 전태일 재단법인으로의 전환

사단법인에서 재단법인으로 전환하고자 할 때 벌어진 일

청계노조에는 전태일기념관과 청계노조 사무실로 쓰는 아파트 등 2개의 부동산이 있었다. 노조 사무실로 쓰던 아파트는 청계천 7가에 있는 동대문상가 아파트 2채이며, 전태일기념관은 종로구 창신동 106번지 한옥 1채다. 이 재산들은 전두환 군부독재 시대에 마련된 것이다.

군부독재는 1970년대부터 청계노조를 탄압하는 방법으로 우리가 입주한 건물주한테 압력을 넣어 쫓아내는 방식으로 탄압을 했다. 이런 방식으로 하도 당해서 우리는 우리 명의로 된 건물을 소유하는 것을 소망했다. 그 결과 마침내 1985년에 위에서 말한 2채의 집이 생기게 된 것이다.

청계피복노조는 1970년 11월 13일 청계천 평화시장 앞길에서 청계천 봉제업에 종사하는 2만여 노동자의 권익향상을 위해 재단사 전태일이 "근로기준법을 지켜라!" "우리는 기계가 아니다!"를 외치며 분신 항거한 사건을 계기로 그해 11월 27일 결성한 노동조합이다.

전태일 기념관은 전태일 정신을 구현하기 위해 1981년 11월 결성된 전태일기념관건립위원회가 1985년 2월에 마련한 서울 종로구 창신동 106번지 한옥 건물이다.

당시에는 법인으로 소유할 여건이 되지 않아서 소유권을 공동명의로 해두었다. 노조사무실로 사용한 아파트 2채는 이소선, 문익환, 민종덕 3인의 명의로 매입했고, '평화의 집'으로 이름 붙인 전태일기념관은 이소선, 민종덕, 김영대, 박계현, 김영선, 김성민 6인의 명의로 매입했다. 당시 공동명의로 매입한 취지는 나중에 이 재산을 처분할 때 어느 특정한 사람이 임의로 처분할 수 없도록 하기 위해서였다.

1993년 김영삼 문민정부가 들어설 즈음에 그동안 임의단체 성격의 전태일기념사업회를 사단법인으로 등록했다.

세월이 지나면서 위 공동명의자들은 자기 개인 재산도 아닌데 공동명의로 되어 있어서 불이익(다주택 소유자)을 받게 되자 한 명씩 명의에서 빠지게 되었다. 결국 이 사람 저 사람 다 빠지게 되어 모두 다 이소선 어머니 한 사람 명의만 남게 되었다.

이소선 어머니 한 사람 명의로 된 상태에서 전태일의 동생 전태삼 씨가 사업을 하면서 돈을 빌릴 때 이 부동산 전체를 담보로 잡혔다.

이런 상태에서 2006년 청계노조 사무실로 사용하고 있는 아파트 2채가 경매에 넘어가게 될 상황에 처하게 됐다. 그 아파트는 서울시에 토지 사용료를 지불하게 되어 있었는데 당시 노조에서 한 푼도 내지 않아 결국 경매에 넘어가게 된 것이다.

나는 상황이 이렇게 된 이상 이참에 이들 부동산을 정리해야 한다고 판단했다. 그래서 전체 부동산을 처분하여 그 돈을 출연 기금으로 재단법인 전환을 제안하기로 마음먹었다.

사실 이 일은 매우 어려운 일이라는 것을 나는 알고 있었다. 이소선 어머니는 부동산에 대해 애착이 많아 조심스러웠다. 김금수 이사장 시절 김 이사장은 사단법인 전태일기념사업회 재산인데 왜 개인 소유로 되어 있느냐는 말씀을 여러 번 하셨다. 상식적으로 잘 맞지 않았기 때문이다.

그때마다 나는 이사장님의 말씀에 동감하면서도 '지금은 때가 아니다'는 취지의 말씀을 드렸다. 그런데 이제 아파트가 경매에 넘어가게 될 상황이라 어떻게든 정리를 하지 않으면 안 되었다. 문제는 누가 고양이 목에 방울을 다느냐였다. 어쩔 수 없이 내가 나설 수밖에 없다고 판단했다.

나는 재단법인으로 전환하기에 앞서 우선 이 재산의 성격을 명확하게 하고 싶었다. 이소선 어머니를 설득해 어머니 돌아가시기 전에 어머니께서 명확한 입장을 밝히시는 것이 좋겠다고 했다.

이소선 어머니는 수긍을 하셨다. 그러면 이번 36주기(2006년) 추도식장에서 그런 입장을 공표하는 것이 좋겠다고 말씀을 드렸다. 이때 이소선 어머니 명의로 발표된 내용은 대략 다음과 같다.

청계피복노조 재산의 성격은 첫째, 전태일의 분신 항거와 이후 전태일의 뜻을 실현하고자 투쟁해온 숱한 사람들의 피와 땀과 눈물과 한숨과 절망과 그리고 마침내 꿈의 결과물이다. 즉, 투쟁의 산물이다. 둘째, 따라서 법적 소유와 상관없이 어느 특정인의 소유가 될 수 없으며 우리 모두의 재산이다. 셋째, 더 나아가 그 재산은 무엇보다도 전 세계 고통받는 민중의 재산이다.

따라서 이 재산을 처리하는 한 방법으로 현재 전태일 노동상을 보다 확대 개편해서 전태일상으로 범위를 넓히고, 수상 대상도 국내뿐만 아니라 아시아권을 비롯하여 제3세계 민중운동을 실질적으로 지원하는데 사용할 수 있도록 해야 한다 등의 내용이었다.

어머니 명의로 발표된 이 성명서는 36주기 추도식에서 어머니가 옆에서 입회한 상태에서 내가 대독을 했다. 혹시 어머니께서 돌아가신 이후에라도 정식 유언장은 아니지만 그 재산은 개인재산이 아니라는 것을 분명하게 공표한 것이다.

이 입장문에 대해 당시는 물론 그 후에도 어느 누가 이의를 제기하는 사람이 없었다.

나는 다음 순서로 2007년 3월에 개최하는 전태일기념사업회 총회에 사단법인 전태일기념사업회를 재단법인으로 전환하는 안건을 정식으로 제출했다. 그리고 위 청계노조와 평화의집 재산을 출연하자는 안건도 제출했다. 총회 결과 이 안건들이 통과되었다. 그리고 재단법인 추진 실무의 전권을 나와 사단법인 운영위원으로 활동하던 박승옥 둘이 위임을 받았다.

이 결의에 따라 재단법인 설립 실무를 착착 진행하고 있었다. 그러던 중 2007년 9월 경 이소선 어머니께서 갑자기 재단법인 추진을 중단하라고 하신다.

나는 어리둥절해서 어머니한테 이렇게 말씀드렸다.

"지난 36주기 추도식에서 공개적으로 '청계피복노조 재산 처분에 관한 의견'도 발표하시고, 기념사업회 총회 의결에 따른 것인데 무슨 말씀을 하시는지 이해가 가지 않습니다."

이에 이소선 어머니는 "재단법인을 만든다는 것은 우리 재산을 사회에 내놓는다는 것인데 만약 법인 운영을 잘못하면 재산을 홀랑 빼앗길 염려가 있다는 말을 들었다"면서 중단하라고 말씀하시는 것이다. 그러면서 "지난번 추도식에서 발표한 것은 내가 정신이 없는 상태에서 민 위원장이 이것이 옳다고 말하니까 그런가 보다고 동의한 것"이라고 말씀하시는 것이다.

머리를 한 대 얻어맞는 것처럼 충격이었다.

나는 "그렇다면 제가 연로하신 어머니를 속여서 그런 성명서를 발표하게 했다는 말씀입니까?"라고 말하기도 했다.

나는 어머니께서 돌변하게 된 이유는 다름 아닌 전순옥의 영향 때문이라고 판단했다. 왜냐하면 이즈음 전순옥은 재단 설립을 공개적으로 반대했다. 또 노조 사무실을 매각할 그 즈음에 연구소를 설립하겠다는 등 청계 재산에 많은 관심을 보였기 때문이다.

내가 어머니 생전에 서둘러 재단법인으로 전환하고자 했던 이유는 어머니 단독 명의로 된 재산이 법인으로 귀속되지 않는다면 어머니 사후에 이 재산들이 가족한테 상속이 될 것이기 때문이었다. 그렇게 되면 재산 소유권을 둘러싸고 혹시라도 잡음이 생긴다면 매우 복잡한 문제가 생길 우려가 다분했다.

재산처리 문제가 나오자 그동안 기념사업회 운영에 아무런 관심도 가지지 않던 최종인이 개입하기 시작했다.

2007년 전태일 37주기 추도식에서 벌어진 일이다.

나는 추도식 사회를 맡아 추도식을 진행하고 있었다. 매년 추도식 때마다 민주노총과 한국노총이 추도사 순서를 놓고 서로 먼저 하겠다는 신경전이 막후에서 벌어졌다. 양대 노총의 자존심 신경전이다. 그날도 막후에서 신경전이 심했다. 별것도 아닌 것 가지고 해마다 하도 그래서 내가 그 사실을 공개적으로 말하며 앞으로 참석자 여러분이 결정해 달라고 했다.

이 말이 미처 떨어지기도 전에 갑자기 최종인, 전순옥이 뛰어

나와 최종인이 내 멱살을 잡고 밀치며 사회석에서 끌어내리는 돌발상황이 벌어졌다. 뒤따라 전순옥이 뭐라 앙칼지게 악담을 퍼부으며 합세를 하는 것이었다. 창졸간에 당하는 것이라 뭐라고 욕설을 하는데 귀에 들어오지도 않았다. 그런 와중에 최종인이 "너 이 새끼 전태일 이용해서 정치하려고 그러냐?"는 말이 들렸다.

최종인은 일부러 시비를 걸어 위압적인 폭력을 행사하려고 벼르고 있었던 것이다. 다른 행사도 아닌 추도식 행사 진행자를 별 것도 아닌 발언을 문제 삼아 멱살잡이를 하고 끌어내린 것이다. 만약 문제가 되는 발언이었다 해도 행사가 끝난 이후에 문제를 삼아도 되는 일이었다.

최종인의 행패는 여기에서 그치지 않았다. 2007년 11월 기념사업회 운영위원회 회의장에 난입해 회의를 방해하면서 나를 향해 "너는 빠져"하면서 폭언을 했다. 최종인은 운영위원은 물론 아무런 직책도 없었다.

당시 이사장이나 다른 사람들은 이런 광경을 그냥 보고만 있었다. 전태일 친구라는 특권에 제압당한 것이다.

근신하라

청계노조 사무실이 경매에 넘어갈 위기에 빠져 재산을 매각하려고 부동산에 매물로 내놓았을 때 알게 된 사실은 어머니 명의의 모든 부동산이 담보로 잡혀 있었다는 것이다.. 부동산을 매각하려면 근저당을 해제해야 가능하다. 근저당을 해제하려면 빌린 돈을 갚아야 한다.

나는 이 문제로 이소선 어머니와 어떻게 할 것인가를 의논했다.

"어머니, 제 생각으로는 이 문제는 사적으로 생긴 문제이기 때문에 사적으로 해결하는 것이 맞다고 생각합니다. 다행히 거액은 아니니 저도 돈을 보태고 모금도 하고 그래서 형식적으로는 어머니 가족이 변제하는 모양을 갖춥시다. 그래야 지금까지 잘 살아오신 어머니한테 오점이 생기지 않습니다."

이렇게 말씀드렸더니 어머니는 매우 언짢아 하시면서 "우리 가족은 돈이 없다."라고 말씀하시는 것이었다. "내가 70년도에 그런 결정을 하지 않았다면 이런 재산이 생겼겠어?"라는 등의 말씀도 하셨다.

이즈음에는 노동계, 재야인사, 문화계 인사, 정치인 등 다양한 사람들이 이소선 어머니가 계시는 곳으로 방문이 잦았다. 그때마다 대개는 빈손으로 오지 않았다.

나는 더 이상 이에 대해 말하지 않았다. 그리고 황만호 사무국장이 나서서 송병춘 변호사 사무실에 가서 일을 수습했다.

나는 지난 30여 년 동안 이소선 어머니와 인연을 맺고 함께 노동운동을 하면서 한 번도 의견을 달리해서 갈등이 생겨 의가 상한 적이 없었다. 그런데 이 무렵에 많은 문제가 생겼다.

기념관 내에 이소선 어머니가 거처하는 방이 있었다. 그 전에는 유가협에 거처를 정하고 계셨는데 유가협 내에서 강경대 아버지와 어떤 문제(자세한 것은 잘 모르겠는데 민주화운동 묘역 문제로 짐작이 됨)가 생겨 기념관으로 거처를 옮기셨다.

한번은 어머니께서 나를 방으로 오라고 해서 갔더니 전태일 평전 인세 문제를 거론하신다.

전태일 재단법인으로의 전환

"민 위원장도 알다시피 내가 그동안 평전 인세를 받아왔는데 평전 인세를 기념사업회에 내놓아야 한다고 말하는 사람이 있는가본데 민 위원장은 어떻게 생각해? 원칙적으로는 그렇지만 그것으로 내가 용돈 좀 쓰는데 잘못되었다고 생각하나?"

나는 이런 문제에 대해 입도 뻥긋해 본 적이 없다. 어머니께서도 내가 그런 말을 해서 나한테 이런 말씀을 꺼내지는 않았을 것이다. 아마 어머니는 내가 정색을 하며 "누가 그런 말을 합니까? 말도 안 되는 소리, 당연히 어머니가 받으셔야죠."라는 대답을 기대하셨을 것이다. 그런데 나는 "그것은 어머니께서 판단하시고 어머니 결정에 따라야 하죠."라고 답했다. 나는 어머니가 내 입에서 다소 기대에 미치지 못한 대답이 나와 섭섭해하시는 것 같은 느낌을 받았다.

나는 그때나 지금이나 그 문제는 제3자가 왈가왈부할 일이 아니라고 생각한다. 조영래 변호사가 원고를 탈고한 뒤 그 원고를 어머니한테 지극한 태도로 바치는 모습을 직접 보았기 때문이다.

또 한 번은 어머니한테 구술을 받기 위해 전태일기념관에서 어머니와 생활을 같이하다시피 하는 오도엽 시인이 어머니와 함께 어머니 방에서 보자는 연락이 왔다. 나는 무슨 일인가 궁금했다. 그 자리에서 오도엽이 전태일 문학상 얘기를 꺼냈다.

"위원장님, 전태일 문학상이 지금 재정적으로 매우 어려운 상황인데, 전태일 문학상을 안정적으로 운영하기 위해서 근로복지공단에서 운영하는 근로자문화제로 가져가는 것이 어떻겠습니까?"

오도엽이 이소선 어머니를 옆에 입회시켜 놓고 나한테 이렇게 말하는 것은 이미 이소선 어머니한테 동의를 받았다는 것을 뜻한다. 나는 일언지하에 거절했다.

"그것은 안 되는 일이다. 전태일 문학상을 관에 귀속시키면 독자성이 사라지게 된다. 지금은 노무현 정권이라 우리한테 우호적이라고 생각해서 그런 판단을 하는 모양인데, 그렇지 않다. 권력은 언제든지 바뀌는 것이고, 권력에 따라 전태일 문학상의 정체가 흔들리면 안 된다."

당시 어머니는 오도엽을 매우 신뢰하고 있었다. 그도 그럴 것이 연세가 많으셔서 예전처럼 활발하게 활동을 하지 못하는 상황에서 지근거리에서 늘 말벗도 되어주고 돌봄도 받으니까.

이때도 어머니께서는 아무 말씀도 하지 않으셨지만 담배만 깊숙이 피우시는 모습이 내 느낌으로 매우 섭섭해 하시는 것 같았다.

전태일 문학상을 시작한지 10여 년이 되자 그동안 문학상 수상자가 상당수 배출되었다. 수상자 중에는 활발하게 작품 활동을 하는 사람도 있지만 그렇지 못하는 사람이 더 많았다. 이에 문학상 수상자와 운영위원들이 모이면 전태일 문학상은 배출만 했지 그 뒤 책임은 없다는 말이 있었다. 즉, 마땅한 발표 지면이 없다는 불만이다. 그래서 의논 끝에 기념사업회 내에 출판사를 설립해 책도 출판하고 문학상 배출자들의 발표 지면도 만들어보자고 의견이 모아졌다. 출판사는 허가제가 아니라 일정한 요건만 갖추면 등록을 할 수 있었다.

나는 출판사를 등록하기 위해 종로구청을 찾아갔다. 구청 담당자한테 서류를 냈더니 담당자는 출판사 등록이 되지 않는다는 것이다. 이유는 사무실이 주거용 건물이기 때문이라는 것이다.

전태일 재단법인으로의 전환

그 담당자하고 이런저런 얘기를 많이 하는 과정에서 이 출판사는 개인이 하는 것이 아니라 전태일기념사업회에서 하는 것이라는 이야기를 했다. 그때부터 담당 공무원의 태도가 달라졌다. 평소 그 담당자는 전태일에 대해 우호적인 생각을 가진 사람인 것 같았다.

그렇다면 자기가 어떻게 가능한 방법으로 해 볼 테니 사무실 임대계약서를 제출하라는 것이다. 즉, 전태일 기념관은 이소선 개인 명의로 되어 있으니 건물 소유주와 사단법인이 임대계약서를 작성하라는 것이다.

나는 이 일이 어렵지 않은 일이라고 생각해 어머니한테 계약서에 도장을 찍어달라고 말씀드렸다. 어머니는 의논해 보고 찍겠다면서 나중에 오라고 말씀하셨다. 그리고 며칠 있다 말씀하신다. "순옥이가 그런 계획 다 있다고 놔두라고 하더라."

이것이 나중에 어마무시한 소문이 되어 돌고 돌아 내 귀에까지 들어왔다.

이런 갈등 속에서 유일하게 믿고 의지하던 황만호 사무국장마저 사업하러 개성공단에 가야 한다면서 사무국장을 사임해 버렸다. 사면초가가 된 나는 황만호를 공개적으로 비난하는 짓까지 했다. 이것은 큰 잘못이자 실수였다. 어머니한테 대항하지 못하는 나의 불안정한 심리상태가 엉뚱하게도 다른 사람한테 상처를 주고 만 것이다.

나는 총회 의결에 따라 재단법인으로 전환하기 위한 실무 일을 멈추지 않았다. 나는 재단법인 초대 이사장으로 누구를 모실까 고심했다. 1981년 전태일기념관건립위원회 발족을 주도했던 이창복 선생이 무난하리라고 생각해 이창복 선생을 만나서 말씀을 드렸다.

내가 계속 재단법인을 추진하자 이소선 어머니는 나를 불러 "2년간 근신하라"며 전태일 기념사업회에서 그만둘 것을 요구했다.

나는 이런 상황에서 더 이상 일을 추진하기 어렵다고 판단해 뒤도 돌아보지 않고 기념사업회를 떠났다. 내가 뒤도 돌아보지 않고 떠난 이유는 어머니와 싸울 수 없기 때문이었다. 누구한테 하소연도 하지 않고 나는 조용히 떠났다. 2008년의 일이었다.

방황

당시 내 나이 우리 나이로 55세. 내가 전태일을 일기를 처음 접하고 청계천에 들어와 노동운동을 시작한 지 33년 만에 나는 내가 존경하고 따르던 어머니한테 버림을 받았다. 최종인, 전순옥, 장기표 등 청계에서 가장 영향력이 있는 사람들이 합세해서 나를 내쫓은 것이다.

나는 청계천 쪽을 향해서는 오줌도 싸지 않겠다는 생각을 하며 방황했다. 어디에다 마음을 두어야 할지 몰랐다. 그동안 마땅히 취미생활을 한 것도 아니고 특별한 재주도 없으니 답답할 노릇이었다.

내 마음을 가장 잘 이해해 주는 아내도 직장생활에 바빴다. 우리 부부는 1985년 3월에 결혼했는데 6개월 만에 내가 구속되어 2년간 떨어져 살았다. 1987년에 석방되자마자 또 바로 수배가 되어 함께 살 수가 없었다. 수배가 해제되어 잠깐 함께 살다 1989년 아내가 강원도 도계 산골짜기 중학교 교사로 발령이 나 또 다시 떨어져 살아야 했다. 아내는 강원도 평창, 원주를 거쳐 겨우 2004년에 경기도로 전출이 돼 결혼 19년 만에 함께 살게 되었다.

나는 사진을 배워보기로 했다. 어렸을 때 카메라를 가지고 다니면서 사진을 찍는 친구들이 부러웠다. 그때는 부잣집 아이들이나 카메라를 소유할 수 있었고, 카메라가 있다 해도 필름값도 만만치 않아 아무나 그런 취미를 가질 수 없었다.

내가 처음 카메라를 접한 것은 형이 중동 노동자로 갔다가 귀국하면서 미놀타 카메라를 사가지고 왔을 때였다. 그때 사진 찍기가 매력적이고 나한테 맞는 취미라고 생각했었다. 이제는 옛날과 달리 디지털 카메라가 나와서 필름 값 걱정은 없다는 것이 더 매력적이라고 생각했다.

나는 카메라를 메고 전국을 떠돌았다. 처음에는 장터 사진을 주로 찍었다. 삶의 현장인 장터의 사람들을 생생하게 찍는 것이 좋았다. 당시 나는 내가 좀 더 젊었다면 다큐 사진을 배워 찍어보고 싶다는 생각을 하기도 했다.

2008년 광우병 촛불집회 때는 매일 나가서 생생한 사진을 찍었다. 광화문에 가장 많은 인원이 모일 때는 교보빌딩 옥상에 올라가 그 난간 위에서 다른 신문기자 맨 앞에서 사진을 찍기도 했다. 나중에 내려와서 생각해 보니 아찔한 모험이었다. 이런 사진을 오마이뉴스 시민기자가 되어 오마이뉴스에 기사로 올렸다.

이 시기에 울릉도 여행, 히말리아 안나푸르나 베이스캠프 여행도 했다.

이렇게 방황하는 중에 가끔씩 이소선 어머니로부터 전화가 왔다. 그럴 때마다 나는 끝까지 받지 않았다. 너무 억울한 생각도 있고 그쪽을 다시는 바라보지 않겠다는 다짐도 했었기 때문이다.

내가 전화를 받지 않으니까 청계 재산을 한 건물에 모은 기념관 개관식 날(2009년 9월)에는 어머니가 그 행사에 참가한 사람의 전화로 나한테 전화를 했다. 나는 어머니인줄 모르고 받았다가 어머니 목소리임을 확인하고 바로 끊어버리기도 했다. 그때까지 나는 마음을 풀지 못했다.

이 시기에 어려서 떠나온 고향 친구들도 처음 만나기 시작하면서 마음을 달래기도 했다.

그러던 중 2010년 여름에 이소선 어머니가 한일병원에 입원해 계시면서 나를 찾는다는 전갈이 왔다. 이소선 어머니가 병원에 입원해 계신다는 얘기를 듣고 나는 가슴이 철렁했다. 당시 어머니는 우리 나이로 82세였다. 연로하신 어머니가 이대로 돌아가시기라도 한다면 나는 영원히 어머니와 화해를 하지 못하겠다는 생각이 들었다. 나는 그동안 서운했던 마음보다는 화해를 해야 한다는 생각이 앞섰다.

나는 한걸음에 병원으로 달려갔다. 이소선 어머니는 다행히 중대한 병은 아니어서 반갑게 맞이할 수 있었다.

이때 어머니와 나는 많은 얘기를 나누었다. 이소선 어머니는 나한테 사과를 하셨다.

"민 위원장, 그때 내가 잘 못 생각했어. 민 위원장 판단이 맞았는데 내가 재단을 하지 말라고 했잖아. 그런데 민 위원장 가고 난 뒤에 찬찬히 생각해보니 재단법인으로 하는 것이 맞는 것 같아 그렇게 했잖아."

이 말을 들으니 그동안 서운했던 마음이 사르르 녹는 듯 했

전태일 재단법인으로의 전환

다.

"어머니 저도 잘못한 것이 많습니다. 차근차근 부드럽게 말씀을 드려야 하는데 그렇지 못했잖아요. 어머니도 늘 말씀하시길 민 위원장은 생각은 깊은데 말은 참 못하는 편이라고... 그렇죠. 제가 말하는 버릇이 앞뒤 자르고 원칙만 내세우고 결론만 말하는 경우가 많아요."

우리는 이런 말을 주고받으면서 화해를 했다. 그리고 이소선 어머니는 이런 말을 덧붙였다.

"저 사람들이 재단을 운영한다고 하는데 나는 못미더운 것들이 많아, 민 위원장이 나서서 함께 하면 좋을 것 같아. 낼 모레 장수갈비에서 저 사람들이 만나서 태일이 40주기에 대해 이야기 한다고 하는데 민 위원장이 거기 참석해서 함께 하면 좋겠어."(여기서 저 사람들이란 당시 전태일 재단을 장악하고 있는 사람들을 지칭한 것이다. 그들을 어머니가 못미더워 한 까닭은 뒤에서 설명하고 자세한 내용은 『노동자의 어머니 이소선 평전』을 참조하면 된다)

"네, 염려마세요. 그날 참석하겠습니다."

잘못 끼워진 첫 단추

사단법인에서 재단법인으로 전환하는 것을 앞두고 이를 저지하려는 시도가 있었지만 결국 재단법인으로 전환할 수밖에 없었다. 명분상으로나 객관적 상황이 재단법인으로 전환할 수밖에 없었던 것이다.

정작 전태일기념사업회 총회에서 의결해 재단 설립 실무의 전권을 위임받은 당사자를 배제한 상태에서 2009년 7월 17일 전태일 재단 법인을 설립하게 된 것이다. 이 과정에서 사단법인 전태일기념사업회를 어떤 절차와 과정을 거쳐 해소하고 재단법인으로 탈바꿈했는지 나는 알지 못한다. 앞의 과정만 보면 그야말로 절차도 과정도 무시한 우격다짐은 아니었는지 의심이 갈 정도다.

재단법인의 초대 이사장은 장기표가 되었다. 장기표 이사장은 내가 재단법인 설립을 위해 이창복 선생을 만나서 초대 이사장직을 맡아줄 것을 요청하던 시점부터 개입하기 시작했고, 재단 설립에 부정적인 입장이었다.

이창복과 장기표는 민주화운동을 함께한 재야인사로 민통련 동지다. 그러나 나중에 이 두 사람은 정치권으로 가면서 서로 입장이 달라진다. 이창복은 민주당 쪽 성향으로 김대중 대통령 시절 국회의원을 했다. 장기표는 독자정당 입장으로 민중당을 했다.

나는 초대 이사장을 누구로 모실까를 고심하면서 가능하면 정치인이 아닌 분을 모셔야 한다고 생각했다. 이창복은 국회의원을 한번 한 적은 있지만 그의 행보나 이미지를 볼 때 정치인보다는 재야인사라고 생각했다.

장기표는 누구나 알다시피 전태일 사건 당시 전태일을 살리는 데 결정적인 역할을 한 사람이고, 이후에 청계노조와 이소선 어머니한테 많은 영향을 미친 사람이다. 그래서 장기표가 전태일 재단 이사장을 한다는 데 이의를 달 사람은 아무도 없었을 것이다.

그러나 그때의 장기표는 이미 예전의 장기표가 아니었다. 장기표는 민중당 실패 이후 급격하게 보수 우익의 길로 가버렸다. 그 자신은 스스로 변하지 않았다고 생각했을지 모르지만

전태일 재단법인으로의 전환

적어도 우리 눈에는 그렇게 비춰졌다.

장기표가 예전의 장기표가 아니라고 확실히 느끼게 된 것은 민중당 실패 이후 2000년 민국당(민주국민당)에 참여한 것을 보고나서이다. 민국당은 제16대 국회의원 선거를 앞두고 여야의 기성 정치인들, 거물 공천 탈락자 중심으로 급히 창당됐다. 장기표는 민국당 창당 주역 중 한 사람이었다. 민국당에에는 처음에는 광주민중항쟁을 진압했던 전두환의 졸개 정호용도 포함되어 있었다. 황당했다. 결국 논란 끝에 정호용은 참여하지 않았지만 민국당의 주역은 민정당 출신 김윤환이었다.

당시 나는 장기표의 이러한 행보가 황당했지만 그래도 지금까지 믿고 따른 선배였기에 신뢰를 완전히 버리지는 않았다. 뭔가 내가 모르는 깊은 뜻이 있겠거니 생각한 것이다. 그러나 장기표의 정치 행보는 갈수록 갈지자 행보로 내가 기대했던 모습이 아니었다.

민주노총을 기반으로 하는 민주노동당에 대항해 한국노총 간부들과 민사당을 창당한 것을 비롯 선거 때마다 정당을 만들어 우리나라에서 정당을 가장 많이 만든 사람은 이인제고 그 다음이 장기표라는 말이 있을 정도였다.

장기표의 마지막 당적은 국민의 힘이었다고 나는 알고 있었다. 그런데 국민의힘도 탈당했다고 누가 알려주어 검색해보니 그 뒤로도 두세번 당이 바뀌었다.

그는 2022년 제 20대 대통령 선거를 앞두고 윤석열 후보와 전태일 동상 앞에 나란히 서서 윤석열 후보 지지를 호소하기도 했다.

장기표 이사장 체제가 되자 그동안 무관심했던 전태일 친구인 최종인, 이승철, 임현재, 김영문 등이 전태일 재단에 적극 관여하기 시작했다.

이들 전태일 친구들은 전태일과 함께 바보회 활동을 했고, 전태일 사건 이후 청계노조 설립에 지대한 공로가 있는 사람들이다. 그러다가 박정희 유신 쿠테타 이후 노동운동 탄압이 더욱 심해지자 이소선 어머니와 운동 노선이 차츰 벌어지기 시작했다. 그들은 현실과 타협해 조직을 유지하자는, 이를테면 한국노총의 노선이었고, 이소선 어머니는 재야 민주세력, 학생운동 세력과 연대해 자주성을 잃지 말아야 한다는 노선이었다.

이 노선 차이로 말미암아 결국 1976년 최종인 집행부 체제가 물러나게 되었다. 사실상 전태일 친구들 체제가 끝난 것이다. 그럼에도 불구하고 이들은 권력유지를 위해 지부장은 친구 중에 한 사람이 해야 된다면서 친구들이 돌아가면서 지부장을 무리하게 해 왔다.

전태일 친구들은 1981년 1월 청계피복노조가 강제 해산당하자 노동운동을 청산하고 사업가가 되었다.

이들은 1970년대 청계노조 시절에 노조가 극심한 탄압을 받을 때에 행동하지 않았다. 노동교실 강제 폐쇄, 이소선 어머니 구속, 청계노조 강제 해산에도 늘 얻어맞고 투쟁하고 구속되는 것은 후배들이었다.

뿐만 아니라 1980년대 전두환 군사독재정권에 의해 해산당한 청계노조를 복구해 청계 노동운동의 정통을 잇고, 전태일 정신을 끊임없이 구현하는데 헌신하는 것은 후배들 몫이었다.

전태일기념관건립위원회, 전태일기념사업회 활동에도 그들은 없었다. 전두환 정권의 노동운동 탄압으로 노조 사무실이 강제 폐쇄 당하고 조합 간부들이 구속되어 기념관이 빈 집으

전태일 재단법인으로의 전환

로 방치되었을 때에도 전태일 친구들은 외면했다.

그랬던 그들이 이제 군사독재정권의 고문과 폭압도 사라지자 후배들이 투쟁을 통해 마련한 재산을 정리하고 재단법인으로 전환하는 시점에 나타나서는 폭력을 휘두르고 편 가르기를 해서 재단에 영향력을 행사하기 시작한 것이다.

흘러간 물 재사용하기, 역사 거꾸로 매달기

장기표는 자신이 정치인이기 때문에 전태일 재단 이사장에 뜻이 없을 뿐더러 오래 할 수 없다는 입장이었다.

그래서 그런지 몰라도 2010년에 조헌정 목사가 전태일 재단 이사장이 되었다. 조헌정 이사장은 성직자이면서도 진보적인 목사이기 때문에 전태일 재단 이사장으로는 적합한 사람이라고 나는 생각했다. 정치적 성향은 진보적인데다 종교인이기 때문에 전태일을 통해 속물적인 야심을 채우는 사람이 아닐 것이라고 생각한 것이다.

그런데 문제는 조헌정 이사장이 노동계 또는 운동권 내의 기반이 없다는 것이었다. 그렇기 때문에 붕 떠 있는 상태에서 노동계와 운동권에 기반이 있는 사람들이 자신의 야심을 채우기 위해 얼마든지 이용하기 쉽고 이용당하기 쉽다는 약점이 있었다. 조헌정 이사장을 앞에 내세워 놓고 최종인 등 친구들과 전순옥, 이수호, 박계현 등이 자신들의 뜻에 따라 전태일 재단을 운영하기 시작했다.

여기에다 전 이사장인 장기표까지도 정치적으로 전태일을 이용할 일이 있으면 여전히 이사장으로 행세를 했다. 예를 들자면 장기표는 TV조선, MBN등 방송에 출연할 때는 직함을 현재 전태일 재단 이사장이라고 표기하고 출연했다. 또 장기표는 자신은 진보의 대표 인물이고, 보수의 대표 인물은 박세일이라면서 장기표 자신이 진보의 대표라는 증표로 전태일 재단 이사장을 내세우곤 했다. 이러한 일이 벌어져도 전태일 재단에서는 아무도 지적하지 않고, 도리어 이를 지적하는 사람을 배은망덕한 놈이라고 욕을 하기도 했다.

전태일 친구들은 친구라는 타이틀만 있지 노동운동 경력이 짧다. 그렇기 때문에 운동 감각이 없는 사람들이다. 반면 이수호는 전교조 위원장, 민주노총 위원장 출신으로 운동 경력이 화려하고 운동권 내에 기반이 있었다.

이수호는 민주노총에서 임기를 채우지 못하고 물러났다. 그러한 이미지를 전태일이라는 이름을 활용하면 달라지게 할 수 있을 것이다. 거기에다 나중에 박원순 시장을 통해 정치적 야망을 실현할 수도 있으니 전태일 재단은 이수호한테는 이용하기 가장 좋은 곳이었을 것이다.

전태일 친구들과 이수호는 이러한 이해관계가 맞아 떨어진 것처럼 보인다. 이들은 나이도 같거나 비슷하기까지 해서 친구로 맺어져 전태일 친구라는 권위와 권력까지 부여해 주었을 것이다.

이사장은 조헌정 목사인데 이 시기 무슨 행사나 특별한 사업을 할 때는 위원회를 만들고 그 위원회 위원장은 대개 이수호가 하는 방법으로 사실상 이수호 체제로 운영되고 있었다.

물은 위에서 아래로 흘러가는 것이 순리다. 운동단체 역시 낡은 세대는 물러가고 새로운 세대가 이어가는 것이 자연스러운 일이다. 그런데 전태일 재단은 이전보다도 더 낡은 세대가

전태일 재단법인으로의 전환

주인 자리를 차지하고 또아리를 틀게 된 것이다. 이미 흘러간 물로 물레방아를 돌리는 격이다.

나는 이소선 어머니의 말씀을 듣고 장수갈비에 갔다. 그 자리에는 청계 선후배들 그리고 이수호가 전태일 40주기 준비위원장 자격으로 참석했다.

나는 그 자리에서 전태일 재단은 이제 세대교체를 해야 한다고 말했다. 전태일은 스물두 살 청년인데, 50대 60대 흘러간 물이 전태일을 붙잡고 있으면 전태일은 함께 노쇠해 간다. 우리 모두는 흘러간 물이다. 여기 우리들은 대개 농경사회에서 태어나 산업화 시대에 성장해 정보문명 시대에 노년기를 맞이했다. 이처럼 급격하게 변화하는 시대에 능동적으로 대응하기 위해서는 스물두 살 전태일처럼 젊은 사람들이 전태일을 붙잡고 나아가야 한다. 지금까지 우리는 그것을 준비하지 않고 우리의 몸과 생각이 늙어가는 것도 모르고 전태일을 붙잡고 있었던 것이다. 이제 놓아주어야 할 때다.

내가 이런 취지의 말을 하는 것에 대해 공감하는 사람은 극소수였고, 대부분은 무슨 뜬금없는 이야기인가 하며 시큰둥해했다. 나중에는 자신들의 위치를 뒤흔드는 것으로 생각해 반감을 드러내기 시작했다.

갈등을 즐기고 이용하는 사람들

나는 어머니와 화해를 하고 기쁜 마음으로 청계천에 다시 나타났다.

이때 나의 마음은 그동안 나와 어머니의 관계가 불편했으므로 이것을 지켜보는 다른 사람들도 불편했을 것이라고 생각했다. 그래서 어머니와의 화해를 다른 사람들이 환영할 줄 알았다.

그런데 전혀 그게 아니었다. 내가 없는 사이에 자신들이 차지한 자리가 위태롭다고 생각해서 그런지는 몰라도 적대적인 반응이 나타나기 시작했다.

나는 그동안 청계천을 떠난 것에 대한 성찰의 의미로 전태일 동상 앞에서 오체투지로 3천배의 절을 올리기로 했다. 이 계획을 어머니께 말씀드렸다.

어머니는 "좋은데 그러다가 몸이 상할까 염려스럽다"라고 말씀하셨다. 나는 몸이 상할 염려가 없다는 말씀을 드렸다. 나는 절하는 방법을 배워서 관절에 무리가 가지 않게 절을 할 수가 있다.

이소선 어머니와 사전에 의논을 하고 난 뒤 전태일 동상을 향해 3천배를 올리는 퍼포먼스에 들어갔다. 그러자 프레시안 등의 언론에서 관심을 보이기도 했다.

당시 나는 직장에 다니고 있었다. 때문에 하루에 끝내는 것이 아니라 며칠에 걸쳐 하는 퍼포먼스였다.

절을 시작한 지 이틀이 지난 후 이소선 어머니한테 전화가 왔다. 어머니는 전화상으로 "3천 배 절을 올리는 행동을 당장 멈춰라"고 말씀하시는 것이었다.

나는 또 누군가 어머니한테 무슨 말씀을 드렸구나 하는 생각을 했다. 그래서 "전화로 말씀하시면 오해가 생길 수 있으니 만나서 말씀드리겠습니다."라고 말했다.

당시 나는 천안에서 일을 보고 있었으므로 다음 날 아침 일찍 어머니 방으로 갔다. 그 자리에는 전순옥이 전날 어머니와 함께 잤는지는 모르지만 하여튼 함께 있었다.

어머니는 대뜸 "동상에 절하는 행동 그만두어라"라고 말씀하시기에 이유가 무엇이냐고 반문했다. 어머니는 담배를 깊숙이 들이마시고 뱉으시면서 "믿는 자로서 우상숭배는 허용할 수 없다"라고 말씀하시는 것이다. 즉, 기독교를 믿는 신자로서 전태일 동상에 절을 하는 것은 우상숭배라는 뜻이다. 옆에 있던 전순옥도 그만두라고 거들었다.

나는 어머니한테 따지듯 말씀드렸다.

"어머니가 또 나한테 이러시면 안 됩니다. 그렇게 말하기로 하면 동상 자체가 우상이죠. 극단적인 기독교인들이 부처님을 우상이라면서 부처님 목을 부러뜨리는 것처럼 기독교인이 전태일 동상도 우상이라면서 목을 부러뜨려도 할 말이 없다는 것입니까?

동상 세울 때 애초 초안은 일하는 소녀상이었는데 어머니와 순옥 씨가 선택해서 전태일 상으로 결정했잖아요. 우상이라면 그때 그런 결정을 하지 말았어야죠. 왜 자꾸 남의 말을 듣고 나한테 이러시는 거예요?"

나는 참 속상해서 어머니한테 싸우듯 따졌다. 전에 재단법인으로 전환할 때에도 사전에 의논해서 잘 결정해 놓았는데 뒤집어버리고, 이번에도 사전에 말씀드리고 하는 행동인데 못하게 하시는 것이다.

내가 격앙된 목소리로 따지고 들었더니 어머니는 담배를 깊이 빨면서 "그런가? 그렇다면 니 알아서 해라"라고 말씀하셨다.

그 이후에 나는 어머니 방을 자주 찾아갔다. 이때 어머니는 몸이 불편하셔서 자유롭게 활동하시기 어려웠다. 활동적인 어머니를 찾아가서 말벗이라도 하는 것이 좋겠다는 생각이었다. 그리고 어머니에 대한 기록을 남겨야 한다고 생각했다. 예전에 내가 어머니 구술을 받아놓은 것이 있었는데, 그것은 어머니 자신의 이야기였다. 그래서 이번에는 어머니가 바라보는 예전 청계피복노조 조합원들에 관한 이야기를 기록으로 남기고 싶었다. 이것은 두 가지의 효과가 있다고 생각했다. 첫째는 기록으로 남기고 둘째는 예전 청계피복 노동자들이 자유롭고 편안하게 어머니를 찾아와 옛날 이야기를 하면 어머니가 외롭지 않고 정신적으로도 좋을 듯싶었다.

그렇게 하기 위해서는 서울 시내에 교통이 불편하지 않은 곳에 편안한 방을 구해서 거기에 어머니가 기거하면서 사람들이 찾아오게 해야 했다.

이런 취지로 어머니가 편하게 계실 방을 구했다. 물론 돈이 많아서 돈으로 구하면 좋겠지만 그럴 수 있는 형편은 아니었다. 백방으로 알아보다 예전에 불교운동을 하는 사람과 인연이 닿아 우이동의 화개사에 크고 편안한 방을 무상으로 사용할 수 있다는 이야기를 들었다.

그런데 이 계획도 결국 무산되고 말았다. 불교와 관련된 곳이기 때문에 안 된다는 것이었다.

사사건건 내가 하는 일마다 어머니를 통해서 훼방을 놓는 사람은 전순옥과 최종인, 임현재 등 전태일 친구들을 비롯해서 한둘이 아니었다. 내가 어머니와 가까워지는 것을 경계하고 이간질을 시키는 사람이 여럿이었다.

나는 또 다시 어머니와 갈등이 생긴다면 더 이상 회복할 수 있는 기회가 없을 것이라고 판단해 서울을 떠나기로 했다.

나와 어머니 사이를 멀어지게 하는 황당한 얘기들이 돌아 돌아서 내 귀에 들어오기도 했다. 황당한 이야기 몇 가지만 예를 들어보자.

　"민종덕이 청계 재산을 팔아 외국 단체에 주려고 했다." 이 내용은 2006년 청계재산 처분에 관한 어머니 명의의 입장문에서 전태일 노동상을 해외 제3세계로 확대하자고 명문화 해놓았음에도 이런 식으로 왜곡해서 소문을 낸 것이다.

　"민종덕이 도장을 가지고 도망가려고 했다." 이 황당한 소문은 내가 구례로 내려와서 살고 있는 중에 구례를 방문한 사람한테 들었다. 그 사람은 전 민주노총 위원장 부인으로 작가인데 구례에 볼 일이 있어서 내려왔다 나를 보고 간다면서 연락이 와서 잠깐 만났다. 그때 이런 황당한 얘기를 들었다. 그 이야기를 듣고 왜 그런 소문이 났는가 생각해 보니 전태일 문학상 수상자들의 발표 지면을 만들기 위해 출판사를 등록하려고 할 때 종로구청에서 전세 계약서를 요구해서 전세계약서에 도장을 찍어야 한다고 말한 것을 두고 이런 말도 안되는 소문을 만들어 낸 것이다.

　"민종덕이 어머니 팔순 잔치 때 깽판을 벌일 것이다." 이소선 어머니는 2009년 팔순을 맞이해 세종문화회관에서 팔순 잔치를 벌였다. 이때 내가 깽판을 벌일 것이라는 이야기를 어머니한테 했다는 것이다. 이 말을 듣고 연로하신 이소선 어머니는 "종덕이 그놈이 내 팔순 때 깽판을 벌리려고 한다면서?"라고 장기표한테 말했다는 것이다. 이 말을 듣고 장기표가 "어머니 뭔 그런 말을 믿고 그러세요." 했다는 것이다. 연세가 드시면 옆에서 속닥속닥 달콤한 얘기에 귀 기울이기 마련이다.

　전태일 친구들은 내가 어머니를 비난하는 글을 매체에 기고 했다는 헛소문을 퍼뜨려 나를 소외시켰다. 나는 어머니에 대한 비난을 일체 하지 않았다. 더구나 매체에 기고를 했다면 그 증거가 남아 있을 텐데 증거는 제시하지 않고 소문만 퍼뜨린 것이다.

전태일 친구 중 한 사람은 사람들이 모이는 자리에서 "민종덕이 그 새끼 미꾸라지처럼 빠져나가 물을 흐리고 다닌다."는 등의 원색적인 비난을 퍼부었다고 한다.

전순옥은 기회가 있을 때마다 "민종덕이는 어머니한테 쫓겨난 놈"이라면서 극도의 저주를 퍼부었다.

어디 이것뿐이겠는가?

4. 뒤돌아보지 않겠다던 헛된 다짐

이소선 어머니의 별세

2010년이 저물 때 나는 서울을 떠날 결심을 했다. 그것도 가능한 서울에서 먼 곳으로. 서울에서 가까운 곳으로 가게 되면 자꾸 서울을 드나들 수 있기 때문이다.

나는 서울 양재동의 아파트를 팔고 전남 구례 지리산 자락에 자그마한 구옥을 샀다. 함께 살던 아이들은 서울에서 전세방을 구해 살게 했다. 그리고 2011년 새 학기에 맞춰 아내는 경기도 분당에서 전남으로 근무지를 옮기기로 하고 내신을 냈다. 그런데 희망 근무지 구례가 아니라 구례에서 멀고도 먼 엉뚱한 섬으로 발령이 났다. 처음에는 전남 완도의 노화도에서도 배를 타고 들어가야 하는 아주 작은 섬이었다. 마침 동시에 노화도로 발령 난 다른 선생님께 사정 이야기를 해 서로 맞바꿔 노화도에서 근무하게 되었다.

내가 아내 박애숙을 처음 만나게 된 것은 1981년 수배 중에 원혜영(전 국회의원)이 압구정동에 처음 개설한 풀무원 매장에서였다. 그 당시 나는 수배자 신분으로 압구정 풀무원을 드나들었다. 이때 대학교 4년생이었던 아내는 학교를 그만두고 공장에 위장취업을 위해 서울로 왔다. 아내는 봉제공장을 전전하다가 구로공단 협진양행에 취업을 해 노조를 결성하다 해고되었다.

우리는 1985년에 결혼했다. 결혼한 직후 내가 구속되는 바람에 2년 간 떨어져 살았고, 내가 석방된 이후 1987년에 대우 조선 이석규 장례 투쟁으로 수배당해 여전히 떨어져 살았다. 그러다 1988년에 수배가 해제되어 잠깐 함께 살았다. 1989년 9월에 아내는 강원도 삼척시 도계로 교사 발령이 나서 계속 떨어져 살다 결혼 10여년만인 2004년에야 비로소 함께 살 수 있었다.

그런데 또다시 떨어져서 살 수 없다며 아내는 나를 따라 근무지를 옮겼는데 하필이면 이번에는 섬으로 발령이 나고 만 것이다.

구례에서 노화도를 가려면 승용차로 해남 땅끝까지 2시간 가량 운전해서 가야 하고, 거기에서 배를 타고 들어가야 한다. 이번에는 가족이 세 갈래로 찢어진 것이다. 아내는 노화도에 이어 개도라는 섬에서 1년 더 근무를 하다 가까스로 구례로 발령이 나 구례에서 근무를 하다 2017년 명예퇴직을 했다.

우리는 그때 서울을 떠나는 바람에 다시는 서울에 진입할 수가 없게 되었다. 서울의 집값은 천문학적으로 오르는데 어떻게 감히 서울에 진입할 수 있겠는가? 이런 사정을 알고는 있었지만 그때는 그만큼 서울이 싫어졌다.

구례에 내려와서 서울에서의 인연을 다 끊고 연락을 하지도 받지도 않았다. 그리고 모든 것을 다 잊고 살기 위해 노동사회 연구소의 전신 노동교육협회에서 일했던 허명구 등 몇 명의 동료들과 1만 평이 조금 모자라는 산을 샀다. 밤나무가 심어진 산이라 밤농사를 지으면서 살고자 했으나 농사 그 중에서도

뒤돌아보지 않겠다던 헛된 다짐

산에서 하는 농사일은 처음이라 몇 년 동안 시행착오만 겪었다.

2011년 여름, 밤 밭에서 일하고 있는데 급하게 연락이 왔다. 받아보니 이소선 어머니가 쓰러져 서울대 병원으로 실려 갔다는 것이다. 나는 서둘러 서울대 병원으로 갔다. 이소선 어머니는 숨만 쉬고 계셨다. 의식이 있는지 없는지는 알 수 없는 상태였다.

내가 병원을 계속 지키고 있을 수도 없고, 있어 본다고 아무런 도움도 되지 않아 다시 구례로 내려왔다.

무더운 여름이 지나고 이제 가을의 기운이 조금씩 느껴질 무렵인 2011년 9월 3일 이소선 어머니께서 별세하셨다는 기별이 왔다. 나는 서둘러 서울행 버스를 탔다.

버스를 타고 가는 동안 오마이뉴스에서 전화가 왔다. 이소선 어머니 추도사를 써 달라는 것이다. 나는 서울로 가는 동안 버스 안에서 추도사를 썼다.

나는 장례가 끝날 때까지 서울대 병원 영안실에 계속 머물러 있었다.

나중에 들은 얘기지만 어머니 빈소에서도 나에 대한 험담은 계속 이어졌다고 한다. 청계의 선배 한 사람이 예전 청계노조 조합원들을 모아놓고 나에 대한 험담을 신나게 늘어놓았다는 것이다. 이것을 듣고 있던 남성 조합원 하나가 "종덕이만큼 한 사람이 어디 있어요? 당사사노 없는 자리에서 이렇게 한 사람을 매도해도 되는 거예요?" 하면서 자리를 박차고 나왔다고 한다. 그때 그 시간에 나는 서울대 병원 영안실 밖 마당에 있었다.

박근혜 후보의 전태일 재단 방문 사건

소선 어머니도 돌아가신 마당에 나는 이제 서울 청계천과의 인연에 미련을 가질 것이 하나도 없다는 생각이었다. 아무한테도 연락하지 않고, 아무한테도 연락이 오지 않으니 마음이 안정되었다. 그런데 또 다시 뉴스 하나가 나의 안정을 깨뜨렸다.

2012년 8월 27일, 그 날도 산에 가서 일을 하고 집에 와서 샤워를 하고 있었다. 방에서 뉴스를 보던 아내가 다급한 소리로 "여보, 여보 이리 와봐! 내일 박근혜가 전태일 재단에 방문한다는데, 어떻게 된 거야?" 나는 깜짝 놀라 뉴스를 봤다.

박근혜 새누리당 대통령 후보가 광폭 행보로 내일 전태일 재단을 방문한다는 것이다. 나는 이 뉴스를 보고 설마 전태일 재단을 방문하겠어? 전태일 가족을 만나러 간다는 얘기겠지 했다.

박근혜 후보가 전태일 유가족을 만난다면 유가족이 만나든지 거절하든지 그것은 유가족 개인이 판단할 문제이니 다른 사람이 의견을 말할 수는 있어도 찬성 반대를 말하기는 어렵다고 생각했다. 그러나 전태일 재단을 방문한다는 것은 이와는 다른 문제다. 전태일 재단은 전태일 정신을 구현하는 운동단체이기 때문에 박근혜 후보를 받아들인다는 것은 있을 수 없는 일이라고 생각했다.

나는 상황 판단을 위해 여기저기 전화를 했다. 그쪽(청계노조, 전태일에 관계되는) 일에 뒤돌아보지 않겠다던 다짐이 순간적으로 무너져버린 것이다.

우선 급한 마음에 조현정 전태일 재단 이사장을 찾았다. 그 랬더니 조현정 이사장은 현재 미국에 머물고 있다는 것이다. 조현정 이사장한테 절대로 박근혜를 전태일 재단에 발을 들여 놓게 해서는 안 된다는 말을 하려는 것이었다. 지금 쌍용자동 차를 비롯 장기투쟁 사업장 노동자들이 길거리에서 어렵게 투 쟁하고 있는데, 그런 현안 문제는 외면한 채 박근혜가 전태일 재단에 와서 악수하고 웃는 모습의 사진을 찍는다는 것은 전 태일을 두 번 죽이는 것이고, 재단이 여기에 동조하는 것은 함 께 전태일을 죽이는 행위다.

나는 유가족의 생각이 어떤지 알아보기 위해 전태삼한테 전 화를 걸었다. 이 뉴스가 어떻게 된 것이냐고 묻는데, 전태삼은 "계현이가 그러더라 내일 박근혜가 온다고."라고 말하는 것이 다. 즉, 박계현 재단 사무총장이 통보를 했다는 얘기다.

나는 가족 입장에서 전태삼은 어떤 생각을 가지고 있는지 확 인하고 싶었다. 다행히 전태삼은 가족 입장에서도 반대하는 입 장이었다.

그렇다면 오늘 저녁에 빨리 주변 노동. 시민단체 관계자들한 테 연락을 해서 내일 아침에 박근혜가 재단에 발을 들여놓지 못하도록 막아야 한다고 말했다. 그리고 내가 내일 아침에 다 시 전화를 하겠다고 했다.

전태삼뿐만 아니라 당시 장기투쟁 사업장 노동자, 노동단체, 시민단체 회원들은 박근혜 후보의 전태일 재단 방문은 문제가 있다고 판단해 다음 날 아침 전태일기념관 앞에 모였다. 박근 혜 방문을 저지하기 위해서다.

전태일기념관 2층 강당에는 이른바 전태일 친구들을 자처하는 최종인, 임현재, 이승철, 김영문과 전태일 재단 사무총장 박계현 그리고 이수호가 박근혜 후보를 정중히 맞이하기 위해 기다리고 있었다.

당시 오마이뉴스는 이렇게 보도했다.

> 박근혜 후보 쪽은 전태일 열사의 친구였던 김준용 국민노동조합총연맹 상임자문위원을 통해 박계현 사무총장에게 연락해 재단 방문 약속을 잡은 것으로 알려졌다. 전태일 열사의 유족인 전순옥 민주통합당 의원과 전태삼씨는 박 후보의 재단 방문 사실을 뒤늦게 통보받았다.[1]

김준용은 군에 입대하기 전에 청계피복노조 대의원으로 활동했었다. 제대 후 대기업 사업장으로 이전해 노동운동을 하기 위해 구로공단 대우어패럴에 취업했다. 그는 노조를 결성하고 구로동맹파업을 주도한 경력이 있다. 현재 그는 제3노총을 설립하고 극우 태극기부대 전광훈 목사 등과 함께 활동하고 있다.

사실은 김준용이 박계현한테 제안을 했다. 박계현은 이것을 받아 하루 전날 이소선 어머니 1주기 추모 토론회를 마치고 최종인, 임현재, 이승철, 김영문 그리고 장기표, 이수호와 함께 논의한 결과 박근혜를 맞이하기로 결정한 것이다.

아침 일찍 전태일 기념관 앞으로 달려간 장기투쟁 사업장 노동자, 노동 시민단체 회원들과 전태삼 등은 박근혜 진입을 막기 위해 골목길을 가로 막았다. 그러자 박근혜는 전태일 동상

---

1 「전태일 재단에서 '광폭 행보' 저지당한 박근혜」, 오마이뉴스 2012. 8. 28

뒤돌아보지 않겠다던 헛된 다짐

앞으로 가서 헌화를 시도했다.

　나는 이 문제에 대해 분노하지 않을 수 없었다. 기껏 박근혜 새누리당 후보와 정치적 거래를 하라고 그동안 그 수많은 사람들이 꽃다운 목숨을 바치면서 그렇게 수십년 간 투쟁해 왔단 말인가. 이제 와서 전태일 정신을 박정희 부활을 외치는 보수정치인 박근혜한테 갖다 바치다니...

　나는 이 사건에 가장 큰 책임이 있는 장기표한테 항의를 했다. 수 십 차례 전화통화를 하고, 만나서도 거세게 항의를 했다. 그리고 이 문제를 일으킨 사람들은 사과하고 책임을 지고 물러나야 한다고 했다. 그러자 장기표는 나에게 육두문자를 써가며 욕설을 하고 이사장 사퇴는 거부했다. 그는 도리어 언론 인터뷰를 통해 "정중히 맞이하려 했는데 노동자들이 비좁은 골목길을 가로막아 무산되었다"면서 노동자들의 무례함을 꾸짖는 듯한 발언까지 했다.

　박근혜 방문 사건 이후 당사자의 책임은커녕 오히려 그들의 권력은 더욱 공고해졌다. 박계현 사무총장은 흔들리지 않는 위치로 자리 잡았고, 이수호는 이사장이 되었다.

　반면 전태삼은 완전히 소외되어 공식적인 자리에 얼씬도 하지 못하게 되었다. 심지어 전태일 추도식장에서 식순에 맞게 유족인사를 하는 도중에 마이크를 빼앗고 내동댕이치고 여러 사람이 몰려들어 끌어내는 일까지 벌였다.

노동자의 어머니 이소선 평전 집필 방해

2013년 연말에 전태일 문학상 출신 시인한테 전화가 왔다.

그 시인은 출판사 주간도 하고 있었다. 그 시인이 하는 말이 내가 1990년에 낸 『어머니의 길』을 복간할 생각이 없느냐는 것이다. 『어머니의 길』은 당시 이소선 어머니 회갑을 맞이해 급하게 구술을 받아 낸 이소선 어머니 일대기이다. 그런데 그 책은 1979년 박정희 사망 시점까지의 이야기로 끝냈다. 그 이후는 현재 진행형이기 때문에 나머지는 어머니 사후에 쓰기로 이소선 어머니와 약속을 했다.

나는 그 전화를 받고 아차 싶었다. 내가 왜 그동안 그 생각을 못하고 잊고 있었지?

그 시인은 그 책을 돌베개출판사에서 복간을 하는 것이 좋겠다며 만약 돌베개 출판사에서 복간할 의사가 없다면 자신의 출판사에서 복간할 생각이 있다는 것이다. 나는 돌베개 출판사에 확인해 보겠다며 전화를 끊었다.

어머니 사후에 전 생애를 쓰겠다고 어머니와 기왕에 약속한 것도 있고, 복간을 하느니 이 기회에 다시 쓰는 것이 좋겠다고 생각해 돌베개 출판사에 전화를 해 내 생각을 얘기했다. 돌베개 출판사 한철희 사장은 내 생각에 전적으로 동의했다.

이렇게 해서 노동자의 어머니 이소선 평전 을 2014년 초부터 쓰기 시작했다. 막상 글을 쓰기 시작하다보니 글을 쓰면서 검증을 받고 싶은 생각이 있었다. 그래서 한철희 사장한테 이 글을 연재해도 좋으냐고 물었다. 한철희 사장은 연재하는 것은 좋다고 했다. 그래서 2014년 2월부터 오마이뉴스에 연재를 시작했다.

연재 시작 3회 차가 되자 재단 사무총장 박계현이 전화를 했다. 그동안 한 번도 연락이 없던 박계현이 뜬금없이 전화를 해 노동자의 어머니 이소선 평전 연재를 중단하라는 것이다.

그래서 내가 "니가 뭔데 중단하라 마라 하느냐"고 했다. 그리고 계속 오마이뉴스에 송고를 했다.

이번에는 오마이뉴스 시민기자 담당자한테서 전화가 왔다. 내용은 전태일 재단에서 공문이 왔는데, 오마이뉴스에 노동자의 어머니 이소선 평전을 연재하지 말라는 공문이 왔다는 것이다. 그래서 내가 오마이뉴스 입장은 뭐냐고 물었다. 오마이뉴스 입장은 기자들이 보낸 원고에 특별한 하자 즉 법적 문제나 내부 규정과 일반 관례나 상식적인 문제가 없다면 기사로 채택하는 것이 원칙이라고 말한다. 그러면 내 글이 그런 것에 위배되느냐고 물었더니 그렇지 않다고 대답했다. 그런데 왜 보류를 하느냐고 물었다. 그것은 서로 대화가 통할 사람들이니 일단 당사자들끼리 합의를 보면 좋고, 합의가 되지 않는다면 계속 연재하겠다는 것이다.

전태일 재단의 공문은 재단에서 이소선 어머니 전기 발간위원회를 구성했고, 여기에서 이소선 어머니 전기를 낼 계획이 있으니 민종덕의 어머니 평전 연재를 중단하라는 내용이라고 한다. 나는 이런 사실을 전혀 알지 못했다. 소위 발간위원은 다음과 같다. 위원장 장기표, 위원 이수호, 박계현, 최종인, 임현재, 이승철, 전순옥, 전태삼 등이다.

그런데 정작 전태삼은 이름만 올라 있지 아무 내용도 알지 못했다. 전태삼 입장은 내가 그동안 어머니한테 구술을 받아 왔고, 함께 노동운동을 오랫동안 해 왔기 때문에 어머니 평전 작가로는 가장 적합하다는 것이었다. 전태삼은 어머니 평전을 누가 쓰든 어떠냐는 생각인데, 오마이뉴스에 공문을 보낼 때 가족 일동이라는 명의를 사용한 것이다.

나는 이 문제로 장기표와 만났다. 그 자리에서 내가 이소선 어머니 평전을 꼭 써야한다는 법은 없다. 안 써도 되지만 그래도 내가 그동안 어머니에 대한 기록을 꾸준히 해 왔고 함께 생활도 오래 했기 때문에 비교적 어머니를 잘 아는 사람으로 어머니 전기를 보다 풍부하게 하기 위해서는 내가 논의구조에 포함되는 것이 맞지 않느냐고 말했다.

이 말에 장기표는 합리적인 이유를 들어 나를 설득하려는 태도가 아니고 옥박질러 주저앉히려는 태도였다. 심지어는 '이 새끼 저 새끼'하며 욕을 해 대는 것이다. 나는 너무나 실망했다. 그동안 내가 겪었던 '장기표 선생'의 모습은 어디로 가고 왜 저렇게 강퍅해졌는지 도리어 서글픈 생각이 들었다.

이런 억지가 나한테는 통하지 않았다. 나는 계속해서 연재를 이어 나갔다. 이번에는 오마이뉴스에다 매일노동뉴스까지 동시에 연재하기로 했다.

약 2년여 간 집필을 마치고 2016년 9월 3일 이소선 어머니 5주기 추도식에 맞춰『노동자의 어머니 이소선 평전』을 돌베개 출판사에서 출판했다.

책이 나오자 여기저기 신문 방송에 책이 소개되었다. 이때 전태일 재단은 또 다시 이성을 잃은 행동을 시작했다.『노동자의 어머니 이소선 평전』이 마치 불온한 책인 양 비난을 위한 비난을 했다. 책 내용에 허위사실이나 과장 또는 다른 시각이 있다면 그것을 가지고 비판을 하면 되는 것을 이런 것에는 관심이 없고 무조건 책을 폐간하라는 말만 되풀이 하는 것이다.

내가 전태일 재단 이수호 이사장한테 전화를 해 왜 합법적으로 출판된 책을 가지고 비이성적으로 폄훼하느냐고 항의했더니 이수호는 자기가 한 것이 아니라 가족이 한 것이라고 말하는 것이다. 즉, 전순옥이 돌베개 출판사에 '폐간'하라고 했다는 것이다. 여기서 폐간이라 함은 기존 책을 폐기하고 더 이상 제작을 하지 말라는 뜻인지 모르겠으나 가족이라고 함부로 이런 행동을 하는 것은 민주시민으로서 맞지 않는 행동이다. 똑같은 가족이지만 이소선 어머니의 차남인 전태삼은 매우 흡족해 하면서 출판기념회를 세종문화회관을 빌려서 하면 어떠냐고 할 정도였다.

이소선 평전에 대한 전태일 재단의 이성을 잃은 방해는 여기에서 그치지 않았다. 이 책이 출판되자 전국에서 북 콘서트 행사를 기획하고 저자인 나를 초청했다. 이 사실을 인지한 전태일 재단은 이 행사를 주최하는 단체에 전화를 해 행사를 하지 못하도록 험담을 했다. 실제로 대구에서 전태일이 살았던 집을 복원하는 운동을 하는 단체에서 이소선 어머니 영화 상영과 『노동자의 어머니 이소선 평전』북 콘서트가 예정되었다. 그 자리에 내가 초청되어 이소선 어머니의 생애를 이야기하기로 했다. 그런데 행사 시간 불과 몇 시간 전에 행사가 취소되었으니 오지 말라는 것이다. 내가 무슨 이유로 그러느냐고 물어도 주최 측은 미안하다는 말만 하지 그 이유를 말하지 않았다. 나는 누구의 소행인지 알고 물어보는데 사실을 얘기하지 않고 사정상 그렇다는 말만 하는 것이다. 전태일 재단 관계자가 전화를 해서 취소하라고 한 것이다.

이렇게 대구의 행사를 취소시킨 것에 재미를 붙인 전태일 재단은 이번에는 원주에서 『노동자의 어머니 이소선 평전』북 콘서트를 한다는 것을 알고 원주시민연대에 전화를 해 또 험담을 하면서 행사를 취소하도록 압력을 넣은 것이다.

원주에서는 대구와 달리 이런 부당한 요구를 하는 전태일 재단에 도리어 "너희들이 뭔데 남의 행사를 하라마라 하느냐" 면서 전화를 한 상대방이 누구냐고 따져 물었다.

나는 전태일 재단의 이런 횡포에 더 이상 참을 수 없어서 전태일 재단을 대표하는 이수호 이사장의 사과를 SNS 등을 통해 공개적으로 요구했다. 이에 대해 이수호는 자기가 하지 않고 사무국에서 했다며 사과를 하지 않았다. 나는 사무국 직원이 했기 때문에 대표인 이수호 이사장이 해야 한다고 말했다.

이수호 이사장의 사과를 요구하는 과정에서 2012년 8월 박근혜가 전태일 재단 방문을 결정하는 회의에 이수호가 참석하고, 다음날 재단에서 박근혜를 정중하게 맞이하려고 기다렸던 사실을 공개했다. 그동안 이수호는 이 사실을 숨기고 있었다.

이 문제로 내가 이수호와 다투고 있을 때 민주노총 대외협력위원장으로 있던 한석호가 나서서 이수호 이사장을 대신해서 나를 공격하기 시작했다.

나는 왜 뜬금없이 한석호가 나서서 나를 공격하는가 생각해봤다. 그 시기는 민주노총 위원장 선거가 있는 시기여서 위원장 후보 4번을 미는 한석호는 선거운동으로 바쁠 텐데 의아했다. 곰곰이 생각해 보니 한석호가 미는 4번 후보는 당선될 가능성이 거의 없었다. 선거가 끝나고 자기 일자리를 전태일 재단으로 옮기기 위해 이수호에게 잘 보이려고 한석호가 남의 일에 끼어드는 것이라고 생각했다.

전태일 재단의 이런 방해에도 아랑곳하지 않고 『노동자의 어머니 이소선 평전』은 언론과 노동계로부터 호평을 받았다. 2016년 12월 고대 노동대학원에서 나한테 노동문화상을 수여하기도 했다.

그럼에도 전태일 재단의 이소선 평전에 대한 근거도 논리도 없는 악선전과 훼방은 그치지 않았다. 이것을 보다 못한 이소선 어머니의 아들 전태삼은 「전태일 재단은 더 이상 이소선 어머니를 능멸하지 말라」 제목의 성명서를 내기도 했다. 그는 성명서에서 "나는 언론·출판·표현의 자유가 보장된 민주주의 사회에서 누구든 자유롭게 표현할 수 있기 때문에 이에 대한 시비는 하지 않았다. 다만 전태일 재단에서 추진하는 이소선 어머니 전기 집필의 목적이 이소선 어머니의 삶을 의미 있게 기록하기 위한 것이 아니라 특정인의 집필을 방해하기 위한 것으로 읽혀져서 이에 대해 비판을 했다."고 지적하고, "전태일 재단은 더 이상 이소선 어머니를 능멸하지 말라. 이소선 어머니의 삶이 당신들 몇몇이 마음대로 주물럭거려도 되는 하찮은 삶이 아니다."며 일갈하기도 했다.

전태일 운동, 구례에서도 이어나가다

내가 구례지역으로 내려오게 된 계기는 서울에 살 때부터 환경운동에 관심을 갖고 있었기 때문이었다. '국립공원을 지키는 시민의 모임' 회원으로 단체 행사나 모임이 있을 때 참석했다. 처음에는 이 단체에서 주관하는 '걷기예찬'에 참가하기도 하고, 지리산 둘레길 만인보 행사에도 참가했다. 이것이 인연이 되어 구례에 빈집을 구해 내려오게 된 것이다.

2010년 전후로 지리산 케이블카 설치 반대 행사에 참여하고 산상시위에도 참여했다. 나중에는 국립공원을 지키는 시민의 모임 '지리산 사람들' 공동대표를 맡기도 했다. 이 시기 구례자연드림 파크에 인접한 19번 도로에 만들어진 생태통로를 지자체에서 훼손해 관광객 통로로 변경시키려는 것을 저지하기도 했다.

우리가 구례로 이사 온 지 1년여 뒤에 아이쿱생협 생산단지가 구례에 들어온다는 소식이 들렸다. 나는 서울에 있을 때 축산 회사에서 일하면서 소비자생활협동조합과 거래하는 일을 했기 때문에 이들 생협 관계자들이나 생협의 역사를 조금 아는 편이다.

아이쿱생협은 1997년에 설립되는데, 그 이전 수도권 생협연대 시절부터 우리 회사가 거래를 해서 잘 알고 있었다. 아이쿱생협을 이끄는 주요한 사람들 역시 과거 학생운동. 노동운동을 했던 사람들이기 때문에 대부분 아는 사람들이었다.

이런 아이쿱이 구례에 친환경적인 생산과 소비를 목적으로 하는 복합단지를 조성한다고 하니 반가웠다. 뿐만 아니라 단지 조성을 주도하는 사람 역시 과거 노동운동의 후배였기 때문에 더욱 친근함을 가졌다. 단지 조성이 완료된 이후에 나는 아이쿱생협 구례자연드림파크를 안내하고 홍보하는 일을 했다.

2017년 아이쿱생협 구례자연드림파크에 노동조합이 결성되었다는 소식을 들었다. 나는 이 소식을 듣고 반가워했다. 이제 생활협동조합의 주체가 균형을 잡아나가게 되겠다는 기대를 했다. 즉, 소비자, 생산자, 조합운영자 그리고 노동자 이 4주체가 민주적으로 협동조합을 운영한다면 경제민주화의 모범이 될 수도 있다는 생각이었다.

협동조합에는 7원칙이 있다. 이 원칙은 전세계 협동조합들이 공유하는 보편적 가치를 담고 있다. 이 원칙에 따르면 협동조합이 단순한 경제적 조직을 넘어서, 민주적이고 자율적인 공동체로서 사회적 책임을 다하는 데 중요한 역할을 하도록 되어 있다.

 굳이 이 7원칙이 아니더라도 아이쿱생협 주도세력이 과거 진보적인 운동을 했던 사람들이라서 그런지 몰라도 윤리적 소비와 노동존중을 내세웠던 터라 노동조합을 한 축으로 생각할 줄 알았다. 그런데 막상 노동조합이 결성되자 태도가 완전히 바뀌었다. 일반 사기업 뺨칠 정도로 노조를 혐오하고 교묘하게 탄압했다.

 나는 이 모습을 보고 모른 척하고 안내 홍보 일을 할 수가 없었다. 내가 침묵한다는 것은 사측의 입장을 지지한다는 것이다. 나는 즉시 일을 그만두었다. 그리고 구례지역 주민을 조직해 아이쿱생협 구례자연드림파크 노동조합을 지원하는 일에 나섰다.

 전태일 재단에서 근무하는 한석호는 아이쿱생협 노사 문제에도 개입해 아이쿱생협 기관지 성격의 매체에 기고를 했다. "(노사 갈등이) 감정에 치우친 속 좁은 태도다. 구례의 최근 갈등은 자연스런 현상이다."라고 사측의 노조 탄압을 사소한 갈등이라며 양비론으로 노조탄압에 물타기를 했다.

 우여곡절 끝에 사측에서 노조원을 탄압하기 위해 고소고발을 남발한 것 대부분은 무죄판결을 받았고, 구례자연드림파크 노조는 6년 만에 단체협약을 체결했다.

 나는 아이쿱생협의 노동탄압을 보면서 과거 소위 운동권이라는 진보인사들의 위선을 적나라(赤裸裸)하게 보았다.

 2020년 3월 17일 전북 익산에 소재한 오리온제과 회사에서 청년 여성노동자가 공장 옥상에서 투신해 사망한 사건이 발생했다.

그 노동자는 구례에서 초등학교, 중학교를 나온 뒤 고등학교는 순천에서 졸업했다. 이름은 서지현이다. 그는 고등학교를 졸업한 뒤 바로 익산 오리온제과 회사에 취직해 정규직까지 되었다. 집은 구례지만 회사에 다니는 동안에 생활은 회사 기숙사에서 했다.

청년노동자 서지현은 직장 내 괴롭힘이 심해 "어지간히 괴롭혀라", "오리온은 다닐 곳이 못 된다"라고 평소에도 괴로움을 토로했다고 한다.

전북 민주노총 등 시민단체에서는 그 괴롭힘이 결국은 극단적인 선택으로 내몰리게 되어 사망에까지 이른 것으로 결론을 내렸다.

이에 민주노총 등은 오리온 회사 측에 고 서지현 죽음의 진상규명, 유족에 대한 사과, 재발방지 등을 요구하는 투쟁을 전개하였다. 그러나 오리온 사업주 측에서는 고 서지현의 죽음은 개인적인 이유라면서 회사는 책임이 없다는 식으로 발뺌했다. 이 소식을 들은 구례 시민사회 단체에서도 연대투쟁에 동참하기로 하고, 5월 28일 '익산 오리온 청년노동자 서지현 사망 진실 규명을 위한 구례시민사회모임'(이하 시민모임)을 만들었다.

구례시민모임은 즉각 오리온 청년노동자 죽음 진상규명과 재발방지 대책, 유족에 대한 사과, 직장 괴롭힘 방지법의 맹점을 보완하는 법 개정 등을 요구하며 현수막 걸기, 기자회견, 성명서 발표, 1인 시위, 자발적 불매운동, 전북 민주노총과의 상경투쟁 등을 끈질기게 전개했다.

그 결과 그동안 미온적으로 수사하던 노동부 익산지청의 특별근로감독을 이끌어 냈고, 언론과 정치권의 지대한 관심을 이

뒤돌아보지 않겠다던 헛된 다짐

끌어 냈다. 이로 인해 오리온에서 직장 내 괴롭힘과 성추행이 있었다는 사실을 밝혀냈다. 또한 정치권에서도 직장 내 괴롭힘 방지법이 미비하다는 것을 인식하고 공론화하기 시작했다.

책임회피로 일관해 오던 오리온 사업주 측에서도 수사를 통해 진상이 밝혀졌으므로 책임을 인정하지 않을 수 없게 된 것이다. 마침내 2020년 8월 19일 그동안 발뺌으로 일관해 오던 오리온 회사측과 요구조건을 수용하는 합의에 이르게 되었다. 오리온은 이번 사건에 대해 '고인을 적절히 보호하지 못한 점'에 대해 유가족에게 사과하고, 자체적으로 재발방지 대책을 이행하기로 했다.

이로써 구례시민모임의 오리온에 대한 진상규명과 사과 재발방지 약속 요구 투쟁은 소기의 목적을 달성했다고 판단하고, 2020년 8월 23일자로 일단 투쟁을 종료했다.

물론 나는 '익산오리온 청년노동자 서지현 사망 진상규명을 위한구례시민사회모임' 대표로 함께 투쟁했다.

5. 이제는 놓아버리자

전태일 50주기, 불가능한 화해

2020년 11월 13일은 전태일 50주기를 맞이하는 해다. 전태일 50주기를 맞이해 전태일 이름을 앞세운 단체나 업체에서 여러 가지 행사를 기획하는 모양이다. 물론 전태일 재단에서도 50주기 행사를 기획하고 있는 모양이다. 나는 여기에 관심이 없었다. 그런데 뜻있는 노동계 원로들이 전태일 50주기를 맞이해 민종덕이 함께하지 않는 것은 바람직하지 않다는 생각을 가진 모양이다. 그들 생각은 내가 청계피복노조에서 가장 오랫동안 활동을 했고 마지막까지 전태일 정신을 지키려고 애를 쓴 사람인데, 이런 사람이 배제된 상태에서 전태일 50주기를 치른다면 전태일한테도 면목이 없고, 전태일 재단을 바라보는 많은 사람들한테도 모양새가 나지 않는다는 것이다.

이런 생각을 가장 강하게 가지고 있는 사람은 유동우 선배였다. 유동우 선배는 1970년대 『어느 돌멩이의 외침』으로 널리 알려진 한국 노동운동의 선각자다. 나는 1970년대부터 유동우 선배와 꾸준히 유대를 가져왔고, 1977년 노동청 점거투쟁 때는 당시 기업별 노조의 한계를 뛰어 넘는 경인지역 노동자 연대투쟁을 기획하고 함께 행동했던 동지다. 유동우 선배와 함께 전태일 재단 회계감사로 있는 이덕우 변호사가 적극 나섰고, 연로하셔서 몸으로 움직이지는 못해도 마음으로 늘 나를 안타까워하던 남상헌 선배도 관심을 가졌다. 남상헌 선배는

1938년생(?)으로 우리 나이로 80대 후반이다. 그는 1970년대 고려피혁 노조 위원장 출신이다. 그는 1970년대 크리스챤아카데미 노동교육 이수자 회장, 70민주노동자회 회장을 지냈고 전태일 재단 이사장을 지내기도 했다.

이들은 나와 전태일 친구 그룹이 화해를 하면 문제가 풀릴 것으로 판단했다. 그러나 나는 결코 이 문제가 쉽게 풀릴 것이라고 생각하지 않았다. 그 역사는 1970년대 노동운동 노선에서 시작되어 이제는 이해관계와 감정 문제까지 얽혀있어서 쉽지 않다는 것을 잘 안다.

아무튼 그래서 전태일 재단에서 일하고 있는 갈등조정 전문가까지 등장시켜 화해를 시도했다.

나와 전태일 친구 그룹 선배들과는 노조활동이나 전태일 재단에 관한 것이 아니면 불편할 이유가 없었다. 그 선배들이 운동을 청산하고 사업가로 있을 때는 불편한 관계가 전혀 아니었다. 그러다가 2006년 사단법인 전태일기념사업회를 재단법인 전태일 재단으로 전환할 시점에 선배들이 뒤늦게 개입하면서 불편한 관계가 시작되었다.

그들은 어쨌든 나를 왕따시키는 데 성공했다. 여러 사람이 조직적으로 한 사람을 향해 험담을 하고 공격하게 되면 왕따가 되는 것이다. 나와 아무런 이해관계도 없고 감정 상할 일도 없는 청계 사람들은 물론 운동권 사람들조차 사정도 잘 모르면서 민종덕은 "분란만 일으키는 사람"으로 낙인을 찍어 놓았다.

나는 1977년 노동교실을 빼앗기고 어머니가 구속되었을 때 결사적으로 싸웠고, 1980년 노조가 해산될 때 싸우고, 1980년대 청계노조 복구할 때도 싸웠고, 결국 청계노조 복구투쟁으로 구속되었다. 어머니와 함께 전태일기념관건립위원회 활동을 했고, 1987년 무관심 속에 방치된 전태일기념사업회를 수습해 전태일 사업을 설계하고, 전태일 거리다리 조성과 동상을 세울 때 참여한 '죄'(!?)밖에 없는데 말이다. 전태일 친구들은 이 때 단 한 사람도 현장에 있거나 동참하지 않았다.

이런 것들이 이들 눈에 질시의 대상이 되고 자신들의 권위를 손상시키는 기분 나쁜 후배로 비춰졌다면 할 말은 없다.

결정적으로 내가 이들을 비판한 것은 2012년 8월 당시 박근혜 대통령 후보를 전태일 재단에 끌어들인 사건이다.

물론 그 전에 장기표가 TV조선과 MBN에 출연하면서 현직의 전태일 재단 이사장도 아니면서 전태일 재단 이사장이라는 직함을 버젓이 쓰고 있는 것에 대해 내가 잘못된 것이라고 날을 세워 비판했을 때 이들이 나섰다. 이른바 전태일 친구들로 전태일 재단 이사라는 감투를 뒤집어 쓴 이들은 "배은망덕한 놈, 장 선생이 저를 어떻게 키워주었는데" 하면서 장기표 잘못이 아니라 방송국 실수라고 둘러대기도 했다.

이렇듯 나는 전태일 정신, 전태일의 정체성을 훼손하는 것에 대해서는 상대가 누구든 참거나 유보하지 않고 공개적으로 지적했다.

박근혜가 전태일 재단에 왔다 막혀서 전태일 동상 앞에 헌화하는 사진을 보고는 참으로 한심한 생각이 들었다.

기껏 박근혜 따위나 끌어들여 정치놀음에 놀아나라고 우리가 그동안 그렇게 목숨 걸고 싸우고, 청계노조 하고, 기념관 만들고, 동상 세웠나 하는 생각에 분하기도 하고 야속하기도 했다.

그들은 틈만 있으면 청계 내부든 외부든 공개석상에서 나에

이제는 놓아버리자

대한 험담을 늘어놓았다. 그 이야기가 돌아서 내 귀에 다 들어왔다.

2014년에 내가 이소선 평전을 오마이뉴스에 연재하기 시작할 때도 이들이 앞장서 방해했고, 2016년 이소선 평전이 출판되어 나오자마자 이들이 중심이 된 전태일 재단에서는 모이기만 하면 이소선 평전 규탄대회라는 정말로 '진기하고도 이상한' 행동을 했다.

이소선 평전에 대해 전태일 재단이나 전태일 친구들은 아직까지 단 한 마디의 사과도 없다.

이런 해묵은 갈등을 해결하겠다고 화해 전문가까지 나서서 양쪽을 번갈아 몇 번 오갔다. 유동우, 이덕우, 조형일 화해 전문가 이 세 사람이 구례까지 다녀가고, 나도 몇 번 서울까지 가서 만나서 얘기했다.

양쪽 입장을 확인하고 조율한 끝에 2020년 8월 30일 선배들과 나는 전태일기념관에서 한자리에 모였다.

선배들 쪽에서 나한테 사과하라고 요구했다. 그래서 내가 잘못한 것이 있으면 다 사과하겠다고 했다. 그런데 내가 잘못한 것을 내가 모르니 내 잘못을 지적해 달라고 요청했다.

이런저런 얘기가 오고 갔지만 대개는 무례하다느니 어쩌니 하는 자질구레한 얘기들 뿐이었다. 그런 것은 다 내가 잘못했으니 무조건 사과한다고 했다.

그런 것 말고 진짜 내가 청계노조 운동에서나 전태일 운동에서 잘못한 것이 있으면 지적해 달라고 했다. 도대체 내가 뭘 잘못했기에 그토록 나를 왕따시켰냐고 간절하게 알고 싶었다. 그랬더니 이런 답이 나왔다.

"니가 어머니를 매체에 글로 써서 그렇게 비난할 수가 있나? 그것이 잘못이다."라고 말하는 것이다.

나는 황당했다. 나는 어머니를 글로나 말로 비난한 적이 한 번도 없다. 어머니와 나는 평생 한 번도 의가 상한 적이 없다. 마지막에 재단법인으로의 전환을 놓고 잠깐 섭섭한 점이 있었지만, 그것으로 끝이었고 나는 어머니의 권고에 따라 물러난 것이다. 상대가 다른 사람도 아닌 어머니인데 내가 어머니와 맞서 싸울 수는 없었다.

나는 그런 일이 없으니 증거를 제시하면 내가 광장에서 무릎 꿇고 백배 사죄하겠다고 약속했다.

근거를 대지도 못하고는 이어서 선배들은 나한테 두 가지를 요구했다.

첫째, 일체 비판하는 말이나 글을 쓰지 말 것. 둘째, 전태삼과 만나거나 교류하지 말 것.

나는 속으로 참 희한한 요구도 다 있다고 생각하면서도 선배들의 요구니까 들어주겠다고 했다.

다 듣고 나서 나는 선배들한테 이런 요구를 했다.

첫째, 박근혜를 끌어들인 것에 대해 사과해야 한다. 그러나 이것은 내 개인한테 사과할 일은 아니니 내가 직접 받지는 않겠다.

둘째, 이소선 평전 집필을 방해하고, 출판사에 압력을 넣고, 북 콘서트를 방해한 것은 사과해야 한다.

셋째, 나는 전태일기념사업회에서 폭력적으로 끌어내렸기 때문에 제자리에 가져다 놓아야 한다. 다만, 내가 상임이사로 복귀한다고 해도 그 직을 유지하지는 않겠다. 그 이유는 내가 상임이사로 복귀하면 재단 내에서 자신의 위치가 흔들릴까봐

이제는 놓아버리자

두려워하는 사람들이 있을 것이다. 그런 사람들을 안심시키기 위해서다. 그리고 나는 지방에 살기 때문에 현실적으로 어렵다.

그들은 나의 이 요구를 하나도 들어줄 자세가 아니었다. 그래서 나는 다시 요구했다. 내 요구는 다 포기할 테니 내가 결정적으로 잘못했다는 것 즉, 어머니를 비난한 글을 제시해 달라고 했다. 매체에 기고한 글이기 때문에 남아 있을 것이고, 그것을 제시하는 것은 어려운 일이 아니다라고 말했다.

나는 그들이 나한테 요구한 것을 꼬박 2년 동안 지키며 기다렸다. 그리고 내 잘못의 증거 제시를 기다렸다. 그러나 그들은 묵묵부답이었다. 2년이 지난 다음부터 나는 그들한테 공개적으로 나의 요구에 대해 답하라고 했다.

그들은 내 잘못의 증거를 제시할 수가 없다. 내가 그런 글을 쓴 적이 없기 때문이다.

그들은 그동안 허위사실로 나를 음해한 것이다. 그들은 없는 사실을 마치 존재하는 것처럼 믿고 퍼뜨린 것이다.

어쩌면 그런 주장이 그들이 스스로 지어낸 거짓말이 아닐 수도 있다. 누구한테 듣고 그것이 사실이라고 믿고 싶어 했고, 나중에는 확신으로 굳어졌을 수도 있다.

이렇게 해서 단 한 번의 실패도 없었다는 갈등조정 전문가의 조정도 실패로 끝나고 말았다.

최혁배 선생 유골 안치를 가로막는 전태일 재단

2023년 설 대목을 앞두고 최혁배 형의 부고가 날아왔다. 나는 이 부고를 받고 어찌할 바를 몰랐다. 혁배 형이 이렇게 빨리 가신 것이 황망했고, 혁배 형 마지막 가는 길에 인사를 해야 하는데 갈 수 있을까 해서 당황했다. 그때 나는 광주에 있는 병원에서 전립선 수술을 받고 퇴원 하루를 앞둔 날이었다. 내일 퇴원해서 조문을 하면 될 텐데 자신이 없었다.

나는 일단 시외버스 차표를 예매했다. 혁배 형한테 마지막 인사는 꼭 해야 되기 때문이다. 그런데 다음날 광주 병원에서 구례로 오는 동안 엄청난 일을 겪었다. 오는 동안 차에서 소변이 마려워 그것을 참느라 땀이 뻘뻘 나는 고통을 겪었다. 차를 길가에 무조건 세우고 주변 아파트로 정신없이 달려가 아무 빈터에서 소변을 보고 난 후에 겨우 위기를 모면했다.

나는 버스를 타고 구례에서 서울까지 3시간 30분가량 갈 자신이 없었다. 가는 동안 소변이 마려우면 참을 자신이 없었다. 그래서 버스 예매표를 반납하고 조의금만 보내고 집에서 혁배 형을 추모했다.

최혁배는 서울법대 학생으로 전태일 사건이 계기가 되어 노동운동에 관심을 가지고 청계노조 주변을 드나들었다. 나는 그때 최혁배를 알게 되었다.

이후 최혁배는 종로5가 기독교회관 KSCF, 사회선교협의회 등에서 일을 했다. 주로 해외 프로젝트에 관계되는 일을 했다.

최혁배는 기독교회관에서 근무하다보니 해외 프로젝트 사업을 종교단체를 통해 하는 것보다는 직접 다이렉트로 하는 것이 운동 단체에 실질적인 도움이 될 것으로 판단해 1980년대에 종로5가 기독교 단체를 나와 해외 지원 단체와 국내 운동

단체를 직접 연결하는 일을 했다.

그 일 중에 가장 큰 비중을 차지한 것이 청계노조를 도운 일이었다. 1984년 독일의 '인간의 대지'와 연결하여 청계노조 사무실로 쓸 창신동 106번지 한옥을 매입하는 데 큰 역할을 했다.

최혁배의 도움으로 매입한 창신동 한옥을 '평화의 집'이라고 명명하고 노조사무실과 교육장으로 사용했다. 그 무렵 전태일 기념관건립위원회에서도 미국 연합장로회의 도움을 받아 청계천 6가에 아파트 2채를 매입하기도 했다.

'평화의 집' 탄생에는 최혁배와 함께 독일 '인간의 대지' 테오 돔 선생이 파트너가 되어 역할을 했기 때문에 가능했다.

1980년대 당시는 매우 엄혹한 군부독재 시절이었기 때문에 최혁배와 테오 돔의 이런 활동은 각오와 결단이 필요한 일이었다. 최혁배는 위험을 무릅쓰고 그런 일을 해냈다.

실제로 이 일로 인해 최혁배는 국가보안법으로 구속이 되어 징역을 살기도 했으며, 독일인 테오 돔도 출국할 때 매우 위험한 상황에 처할 뻔도 했다. 테오 돔은 직장인 '인간의 대지'에서 다른 부서로 좌천되는 불이익을 당하기도 했다.

그 덕분에 우리에게는 1980년대 청계노조와 기념관이라는 거점(사무실)이 만들어질 수 있었다. 이 거점이 경찰한테 침탈당해도 우리는 또다시 그 거점을 중심으로 끊임없이 모이고 투쟁하고 다시 모이기를 거듭하면서 청계노조의 맥을 이어가고, 전태일 정신을 구현해 나갈 수 있었다.

세월은 흐르고 그 사이 많은 일들을 겪으면서 우리는 어려운 시절 도움을 주었던 사람들을 잊고 살았다. 그러는 동안 최혁배는 해외를 떠돌았다. 그리고 고문의 후유증과 지병으로 몸은 망가져 하반신을 쓸 수 없는 장애자가 되어 2011년 경 미국에서 영구 귀국을 했다.

우리는 인간적인 도리로 최혁배 형을 따뜻하게 맞이하고 고마움을 표시해야 함에도 그러하지 못했다. 다만 청계노조의 1980년대 복구세대 몇몇이 최혁배 형을 간간히 만나서 서로 위로하고 감사를 표했다.

2016년 1월 초에는 독일의 테오 돔이 별세했다. 그때 나는 휠체어를 탄 최혁배 형과 함께 독일 오스나브뤼크에 가서 장례식에 참석하고 돌아왔다.

최혁배 형과 간간이 모여 서로 위로하던 일도 코로나로 인해 그마저도 할 수 없게 되었다. 우리는 다시 만날 날만 고대했지만 최혁배 형은 코로나로 인해 2023년 끝내 돌아가신 것이다.

나는 빈소에 가보지도 못했지만 장례를 잘 치렀겠지 생각하고 잊고 있었다.

그런데 장례를 치룬지 몇 달이 지난 2023년 3월에 최혁배의 유골을 모란공원에 안치하려다 몇 개의 단체들이 실력으로 저지해서 유골 안치가 무산되었다는 소식이 들려왔다.

사태를 파악해 보니 그때까지 유골을 안치하지 못한 것을 전태삼이 주선해서 모란공원에 안치하기로 했다는 것이다. 그런데 그 자리가 백기완 선생 무덤 앞이기 때문에 노나메기재단 등 백기완 선생 관련 단체들이 그 자리에 최혁배 묘를 쓰면 백 선생 추모 행사 등에 지장이 있기 때문에 실력으로 저지했다는 것이다.

문제는 최혁배 유골 안치에 반대하는 단체가 4개인데 그중에 전태일 재단이 들어있어 함께 실력행사를 했다는 것이다.

나는 이 소식을 듣고 참담했다. 전태일 재단이 아무리 타당한 이유가 있다고 하더라도 다른 사람도 아닌 최혁배 유골 안치를 방해하는데 이름을 올리고 실력행사를 할 수가 있단 말인가?

2011년 테오돔이 은퇴한 뒤 자신이 재직 시 도왔던 곳을 돌아보는 여행을 할 때 전태일 재단을 방문했다. 그때에도 전태일 재단 관계자는 아무도 나타나지 않고 나와 황만호가 손님을 맞이하는 일이 있었다. 은혜를 원수로 갚아도 유분수지 이럴 수는 없다고 나는 생각했다.

이 문제만큼은 내가 나서서 해결해야겠다고 판단하고 황만호와 함께 의논을 했다.

그리고 이사장을 맡고 있던 이덕우 변호사에게 요구를 했다.

첫째, 유골 안치를 전태일 재단 명의로 반대하고 실력행사를 한 것에 대해 유가족한테 사과할 것.

둘째, 최혁배 선생 유골 안치에 전태일 재단이 주도적으로 하는 것이 전태일 재단을 위해서 좋다고 생각하는데, 이것을 하든지 하지 않든지 선택을 하라.

셋째, 만약 전태일 재단이 거부하면, 우리 청계 동지들이 알아서 해결할 것이다. 그렇다면 전태일 재단은 은혜를 원수로 갚는 단체라고 비난을 받더라도 감수해야 한다.

이에 대해 이덕우 이사장은 유족한테 사과는 할 수 있다, 다만 사과 내용은 절대 공개하지 않는다는 조건이었다. 몇 번에 걸쳐 사과 내용의 수위를 조절해 유족이 사과를 받아들였다. 이어서 유골 안치에 들어가는 비용을 전태일 재단에서 부담하기로 했다.

최혁배의 유골 안치는 모란공원 내 다른 장소를 정해 2023년 5월 9일 치뤘다. 이날 유족과 경인 지역 및 충남 등지에서 최혁배 선생을 기리는 사람들이 모여서 안장식을 했다.

전태일 동상 철거 음모

2023년 8월 서울 청계천 평화시장 앞에 세워진 전태일 동상을 철거할 예정이라는 언론 보도가 나왔다. 나는 이 보도를 보고 멀쩡한 동상을 왜 철거한다는 것인가 의아해 했다. 내용인즉 전태일 동상 작가 임옥상 화백이 성추행 사건으로 1심에서 유죄를 받았기 때문이라고 한다. 뉴스를 더 검색해 봤더니 서울 남산에 일본군 성범죄를 주제로 한 임옥상 등이 참여한 작품 '기억의 터'도 불도저로 폭력적으로 철거했다는 것이다.

나는 이 뉴스를 보고 보수정권, 보수 시장이 되면서 구실만 있으면 그것을 명분으로 진보의 흔적을 지우려는 공작으로 봤다. 실제로 남산 '기억의 터'는 임옥상 개인의 작품이 아니라 공동의 작품이며 시민들의 모금으로 조성된 것이라고 한다. 그럼에도 전광석화처럼 빠르게 부셔버렸다고 한다.

나는 전태일 동상도 이런 맥락에서 철거하려는 것이 아닌가 생각했다. 그러나 남산 '기억의 터' 등을 폭력적으로 무리하게 철거하면서 여론도 나빠지고 정치적 이득도 없다는 것을 알고, 이후에는 무리하게 철거하는 것을 자제한 것으로 판단했다.

나는 처음에 서울시의 무리한 요구에 전태일 재단이 굴복해 철거하는 방향으로 방침을 세운 것으로 생각해 서울시를 규탄하고, 전태일 재단은 서울시의 무리한 요구를 받아들여서는 안

된다는 주장을 했다. 전태일 동상 건립은 임옥상 화백의 성추행 사건이 일어나기 훨씬 전의 일이었기 때문이다.

그런데 시간이 지남에 따라 전개되는 상황을 보니 조선일보가 철거를 유도하고 전태일 재단이 이에 적극 호응하는 것으로 나타났다.

조선일보 2023년 9월 1일자에는 동상 철거를 전제로 철거 논의가 시작되었다는 보도를 했고, 10월 16일자 기사는 철거가 결정된 것으로 보도했다. 조선일보와의 통로는 전태일 재단 한석호 사무총장이었다.

전태일 동상 철거 논란 소식을 듣고 전태일 거리 다리 사업 당사자인 황만호 전 사무국장과 당시 집행위원장인 나 그리고 현재 전태일 재단 이사이며 청계노조 초기 부녀부장인 정인숙 선배가 공동명의로 철거 반대 입장을 9월 3일 이소선 어머니 추도식장에서 밝히기로 했다.

우리가 반대 입장을 명확히 밝혔음에도 불구하고 전태일 재단은 이를 무시하고 계속 철거를 위한 논의를 진행했다.

나는 전태일 동상 철거를 반대하며 전태일 동상 철거 음모를 폭로합니다 라는 공개 입장문을 냈다. 여기에서 2005년 일반 국민들의 열과 성을 모아 세운 전태일 동상을 전태일 재단 사무총장의 정치적 목적을 위해 구실을 만들어 철거하려는 것을 폭로했다. 그는 마치 공론화를 거치는 것처럼 숙의위원회를 꾸렸지만, 사실은 아무런 대표성이 없는 몇몇이 모여 결론을 정해놓고 형식적인 논의만 하고 있었던 것이다. 이 과정은 조선일보와 내통하면서 진행하고 있다는 점을 지적했다.

전태일 동상 철거를 강력하게 추진하는 사람은 한석호 사무총장이었고, 한석호 사무총장을 적극 옹호하며 철거를 주장하는 사람은 전순옥이었다. 최종인 역시 한석호 입장을 두둔하며 동상 철거를 찬성했다.

이런 모습을 지켜본 1980년대 복구세대 주역들, 특히 여성 노동자들이 나서서 이 문제를 외부사람들한테 맡기지 말고 직접 당사자인 청계 출신들이 모여 논의를 해 보자며 토론을 조직했다.

2023년 12월 5일 예전 청계노조 출신 선후배들이 한자리에 모여 이 문제를 가지고 논의했다. 그 자리에서 대다수의 참석자들은 멀쩡한 동상을 왜 철거하느냐며 존치를 주장했다. 한석호의 철거 주장에 동조하는 사람은 전순옥, 최종인과 그밖에 몇 사람에 불과했다.

전태일 재단과 조선일보와의 야합

1) 한석호의 독단적인 행동

2024년 3월 5일자 조선일보에 '전태일 재단-조선일보 창간 104주년 공동기획' 「12대 88의 사회를 넘자」 시리즈 1회가 나왔다. 이 기사를 보고 많은 사람들이 의아해 했다. 전태일 재단이 조선일보 창간 104주년을 기념해 공동으로 기획기사를 내보낸다는 것이 도무지 납득이 가지 않는다는 것이다. 이 기사는 10회에 걸쳐 나갈 계획이었다.

이 기사가 나오기 불과 몇 시간 전에 전태일 재단 한석호 사무총장이 작성한 사무국 주간회의 자료에 한 줄짜리로 이 내용이 언급이 되어 회의에 참석한 인원들이 처음 이 사실을 알

앉다고 한다.

회의 참석자들은 전태일 재단이 조선일보와 공동으로 기획한 사실이 없으니 '전태일 재단-조선일보 창간 104주년 공동기획' 이라는 앞머리 제목을 뺄 것을 의결했다. 그리고 재단 이사장을 통해 조선일보에 공문을 보내도록 요청했다. 아울러 전태일 재단 사무처 직원이 밤늦게 조선일보 관계자와 통화를 해 기사 송고를 하지 말 것을 요구했으나 조선일보에서는 거절하고 다음날부터 기사가 나갔다.

이 일은 한석호 사무총장이 독단적으로 벌인 일이었다. 이에 대해 대외적으로는 전태일 재단이 조선일보와 야합했다는 비난이 쇄도했고, 대내적으로는 한석호 사무총장에 대한 징계 요구가 빗발쳤다.

그런데 재단 내부에서 한석호의 독단적인 행동이 잘못되었다고 인정하면서도 정직 3개월 정도의 가벼운 징계를 주장하는 사람이 있는가 하면 전순옥 이사는 한석호를 보호해야 한다고 주장했다고 한다. 이때부터 논란이 격화되기 시작했다.

나는 다음과 같은 입장문을 청계노조 출신들이 모여 있는 '아름다운 청우회'라는 카카오톡방을 비롯 SNS 등에 냈다.

> 우리가 부르는 전태일이라는 이름은 지난 53년 동안 이 땅의 노동자를 비롯한 민중, 뜻있는 시민, 지식인들이 피어린 투쟁을 통해 이뤄낸 가치체계이며 민중민주운동의 상징이다.
> 이 땅의 노동자들이 자본과 권력의 탄압에 모든 것을 걸고 맞서 싸울 때 전태일이라는 이름은 항상 노동자 대열의 선봉에서 노동자를 엄호해온 노동자의

역사 그 자체다.

전태일 재단-조선일보 창간 104주년 공동기획 기사는 한마디로 조선일보가 전태일이라는 민중운동의 가치체계와 상징을 극우 보수 파시즘에 이용하는 처사다. 따라서 전태일 재단은 전태일이라는 이름을 극우 보수 세력한테 상납하는 행위라 아니할 수 없다.

조선일보가 하필이면 전태일 이름을 붙여 기획하는 목적은 그동안 민중운동이 만들어낸 전태일이라는 가치체계와 상징을 혼란스럽게 하고 자신들의 의도에 맞게 이용하려는 것이다.

현재 진행하고 있는 기사 '쪼개진 노동시장'(이중구조 노동시장) 역시 자본의 관점에서만 바라보는 것이다. 그런 관점에서 바라보면 궁극적인 책임은 자본에 있지 않고 귀족노조에만 책임이 있다는 것을 도출하기 위한 것이다.

이번 전태일 재단-조선일보 공동기획 사태는 전태일 재단 공식회의에서 논의되어 진행한 것이 아니라 한석호 사무총장이 독단적으로 진행한 것이다.

이것은 한 개인이 전태일이라는 엄중한 이름을 개인의 목적을 달성하기 위해 사유화한 것뿐만 아니라 조직을 통째로 갖다 바치는 행위다.

이 입장문은 시민언론 '민들레'에 전제되어 널리 유포되었다.

2) 한석호 퇴진에 80년대 복구세대들이 나서다

한석호 사무총장은 이 사태에 책임을 지고 물러날 것을 요구하는 내부 구성원과 외부의 빗발치는 비난에도 아랑곳하지 않고 자신은 소신을 가지고 벌인 일이라며 물러나지 않고 버티고 있었다. 그가 버틸 수 있는 것은 최종인, 전순옥 등이 비호를 하고 있기 때문이다.

이에 1984년 청계피복노조를 복구한 세대들이 청계피복노조 복구 40주년 행사를 앞당겨 개최하기로 하고 3월 24일 전태일 동상 앞에서 모였다.

청계노조 복구세대는 50대~70대에 이르는 나이로 저마다 전국에 흩어져 살고 있지만 이번 일처럼 전태일 정신을 훼손하고, 청계피복 노동자의 정체성을 뒤흔드는 것에 분연히 나선 것이다.

청계노조 복구세대는 1980년 광주민중항쟁 이후 전두환 신군부에 맞서 청계피복노조 합법성 쟁취투쟁을 가장 치열하게 가장 끈질기게 전개한 세대다. 그들은 1970년대의 청계노조 세대와는 비교조차 할 수 없는 역사의식과 계급적 자각을 확실하게 갖고 있는 세대다. 심하게 말하면 전태일 재단 이사로 참여하고 있는 전태일 친구들은 노동운동을 청산한지 오래되었고, 그들은 그동안 청계천에서 봉제업 사용자 생활을 오랫동안 해온 사람들이다.

이날 이들 청계피복노조 복구 40주년 기념식 참석자 일동은 이번 전태일 재단-조선일보 야합 사태에 책임이 있는 한석호 사무총장의 퇴진을 요구하는 입장문을 채택했다. 그리고 다음 날 열리는 전태일 재단 이사회에 참가해 입장문을 전달하고 한석호 퇴진을 강력하게 요구하기로 했다.

3) 한석호의 뒤끝

한석호 사무총장은 3월 25일 열린 전태일 재단 이사회에서 퇴진 요구에 버티다 결국 자진사퇴하는 형식으로 물러났다. 한석호는 3월 26일 물러나면서 매우 긴 소명서를 발표했다.

그는 소명서에서 "사회적 파장과 충격을 예상했다"고 말하고 이것이 "진영논리"라고 변명했다. 또 "윤석열 정부 상생임금위에 참여했다는 이유로 민주노총은 사퇴를 압박했지만 버텼다"고 했다. 이어 "전태일과 함께 평화시장 어린 여공들의 처우를 개선하기 위해 감옥에도 갔고 아내와 자식을 먹여 살리려고 봉제업에 복귀해 큰돈을 벌다가 어느날 불현듯 이렇게 계속 돈 벌면 전태일 친구로서 전태일 이름에 누 끼칠 수 있다고 생각하며 사업을 접은 전태일 친구 최종인은 살아 생전 조선일보에 이런 기사가 나올 줄 상상도 못 했다며 기뻐했습니다."라는 말도 빠뜨리지 않았다.

그런데 최종인이 노동운동으로 인해 감옥에도 갔다는 말은 금시초문이다. 어느날 불현듯 사업을 접었다는 것도 너무 신파조가 아닌가 싶다.

이에 대한 화답인지는 모르지만 최종인은 다음과 같은 문자를 청계 출신 카톡방에 썼다.

한석호님.그동안수고.많앗읍습니다/8년여동안.이수호/이사장과함께/재단을이끌어오면서.특정단체나/

이제는 놓아버리자

노동단체등독점하지안고.일반시민/학생.국민들에
게/전태일정신을심어들수.잇도록노력하여주신거에대
한/감사드림니다/지금껏.재태일재단은.각자의견이/
틀리더라도.조정/하여.일치된의견/으로.회의을해왓
던것이며.이번회의에는.거수표결/처리하엿다는/소식
듯고.깜짝/놀라웟읍니다/대단히.유감입니다.재단은
노동조합이아님니다.[2]

　최종인은 이사회에서 거수 표결로 사퇴처리 했다는 소식을
듣고 깜짝 놀랐다는 것이다.
　어쨌든 이것으로 전태일 재단-조선일보 야합 사태는 일단락
되었다고 생각하고 후임 사무총장도 내정했다. 그런데 얼마 후
한석호는 자신은 사무총장직을 사퇴한 것이지 전태일 재단 직
원을 사퇴한 것이 아니라면서 출근하겠다는 것이다. 한석호의
이런 어이없는 태도에 청계 출신 사무처 직원은 "책임을 물었
고 책임 진다고 했습니다./이사회에서 사퇴권고했고 본인이 사
퇴를 수락했습니다/그럼 끝난겁니다./오늘 새총장으로 교육센
터장 임도창씨가 임명되었습니다/이사회 승인만 남겨두고 있
습니다/재단이 더이상의 분란 없기를 간절히 바래봅니다"라고
했다.[3]
　이에 한석호는 출근투쟁을 하겠다면서 사무실 입구에서 연
좌시위를 했다. 출근투쟁으로는 효과가 없다고 생각했는지 모
르지만 한석호는 전태일 재단을 상대로 부당해고 구제신청을
하겠다고 했다.

2　청계노조출신 모임방 '아름다운 청우회' 카카오톡 방 최종인 문자
3　청계 조합원 정경숙이 '아름다운 청우회' 카톡방에 올린 문자

한석호는 자신의 문제를 사회적 이슈로 삼기 위해 이슈 토의 공간을 자처하는 얼룩소(alookso)에 자신의 입장을 올려 논란을 키웠다.

한석호는 출근투쟁을 하면서 이덕우 이사장의 동반 사퇴를 주장했다.

최종인-전순옥의 이사장과 사무총장 내정자 사퇴 압박

최종인과 전순옥은 한석호의 주장을 받아들여 이덕우 이사장의 사퇴를 압박했다. 사퇴 사유는 이덕우 이사장이 사퇴를 해야 한석호가 조용해진다는 것이다.

이덕우 이사장은 이들의 사퇴 요구가 부당하고 절차적으로도 옳지 않아 거부했다. 이덕우 이사장이 거부하자 최종인은 '그답게' 모욕적이고 폭력적인 언사로 사퇴를 압박했다. 최종인은 재단의 이사도 아니기 때문에 사적으로 만나서 사퇴 압박을 한 것이다.

이들은 남상헌, 권영길, 천영세 등 재단 고문단까지 동원해 사퇴 압박을 가했다.

이덕우 이사장이 거부하자 이들은 이덕우 이사장이 추천한 사무총장 내정자를 공격하기 시작했다.

사무총장 내정자는 철도노조 출신인데 어린 시절 불우한 환경으로 여동생과 함께 살았다고 한다. 그가 철도노조 재직 시절 여동생으로부터 돈 요구가 있었다. 그런데 그것을 거부하자 여동생이 철도노조 게시판에 성폭행을 당했다는 허위사실

이제는 놓아버리자

을 올려 곤란을 겪을 상황에 처하게 되었다. 그는 자기 개인의 문제로 조직에 누가 될 염려가 있어서 일단 사퇴하고 법적으로 사실을 밝혀 자신이 결백하다는 것을 증명하면 원직에 복직하는 조건을 제시했다. 결과적으로 여동생이 문제 삼은 내용은 허위로 밝혀져 무죄판결을 받아 끝난 사건이었다.

그런데 최종인과 전순옥 등은 이것을 문제 삼아 사무총장 내정자와 이덕우 이사장을 한데 묶어 사퇴를 압박한 것이다.

이들의 압박이 이런 지경에까지 이르자 사무총장 내정자는 자칫 자신의 가정이 파괴될 수도 있다는 생각에 사퇴를 결정할 수밖에 없었다. 이덕우 이사장도 결국 동반 사퇴를 하게 되었다. 당시 사무총장 내정자가 사퇴하면서 밝힌 글은 다음과 같다.

제가 여동생을 성폭행했다는 주장은 이미 당시에 근거가 없는 것으로 판명이 되었으며, 재판을 통해서도 사실이 아니라는 점이 확정된 사안입니다. 여동생에 대한 성폭행 자체가 없었으며, 여동생이 제기한 소송에서도 기각되는 등 법적으로도 마무리되었기 때문입니다.

제가 철도노조에서 쫓겨났다는 것 또한 전혀 사실이 아닙니다. 저는 여동생 관련 사안이 발생하자 본의 아니게 노조에 피해가 갈 것을 우려하여 잠시 노조 활동을 중단하였으며, 관련 주장이 사실이 아님이 확정된 이후 노조에 복귀하여 명예롭게 활동을 마무리하였습니다. 이는 당시 철도노조 관계자에게 물으면 바로 사실을 확인할 수 있는 사안입니다.

사실이 이러함에도, 이렇게 한 사람의 명예를 심각하게 훼손하는 것을 넘어 가족과 관련자들에게 다시 심각한 고통을 안길 수 있는 내용에 대해 재단 후원회에 참석하신 분 중 일부는 사실확인도 하지 않고 허위 사실을 유포하였습니다. 그야말로 거짓으로 한 사람의 인생과 가족을 처참하게 짓밟는 인격살인을 서슴없이 하는 것입니다.

    - 2024년 6월 7일 사무총장 내정을 사퇴하며 임00 올림

승리의 축배를 든 한석호

한석호 사퇴를 주장했던 1980년대 복구세대를 비롯 청계노조 출신들은 선배들의 이런 비열한 공작에 아연실색했다. 아무리 목적을 위해서라지만 어떻게 사람으로서 남의 불우했던 가정사까지 끄집어내 상처를 후벼 팔 수가 있을까. 전태일의 친구로서, 전태일의 가족으로서, 전태일의 이름으로 이럴 수는 없는데 하면서 울었다.

1980년대 복구세대들은 이런 상황에서 더 이상 청계와 전태일 재단에 미련을 가질 수 없다면서 청계(전태일 재단)을 떠날 것을 결의했다.

이덕우 이사장을 사퇴시키고 남상헌, 권영길, 천영세 고문단은 대책위원으로 임현재, 이수호, 전순옥을 지명했다.

바로 다음날 나는 남상헌 선배를 찾아가서 무슨 근거로 한결같이 한석호를 옹호하는 이런 사람들을 대책위원으로 지명했느냐고 물었다.

이제는 놓아버리자

남상헌 선배는 돌아가는 상황을 자세히 알지 못하고 다만 전태일 재단이 시끄러운 것을 빨리 끝내기 위해서 그랬다는 것이다. 나는 어이가 없어서 더 이상 말을 이어가기 싫었다.

모든 것이 한석호의 의도대로 끝나자 한석호는 페이스북에 이렇게 썼다.

전태일 재단-조선일보 노동시장 이중구조 공동기획 관련, 전태일 재단에 혼돈 상황이 발생했었는데, 일단락되었습니다.

오늘 전태일 재단은 이사회를 소집해서 이사장 직무 대행을 공식화했고, 정상화대책위 구성을 결의했습니다.

저는 전태일 재단 안팎의 권고에 따라 6월 10일자로 사직서를 제출하면서 만 10년의 역할을 마무리했습니다.(후략)

그리고 한석호는 6월 20일 자신을 응원하는 사람들과 서울 시내 한 복판에서 "선을 넘는 술잔"을 기울이며 축배를 들었다. 이날 한석호를 응원하며 초청한 사람들의 명단에는 노동 시민 단체의 유명한 권력자들이 많았다.

이번 사태를 겪고 나서 나는 지난 50년 동안 전태일이라는 이름을 붙들고 살아왔는데, 이제는 진짜로 그 이름을 미련 없이 놓을 때가 되었다고 생각했다.

1980년대 복구세대의 반발

 한석호의 사퇴로 전태일 재단-조선일보 야합 사태는 일단락되었다. 그런데 한석호가 이덕우 이사장을 물고 늘어지며 동반사퇴를 요구하고 이것을 전순옥, 최종인이 한석호의 요구를 적극적으로 수용함으로써 문제가 생겼다.

 1980년대 복구세대들은 전순옥, 최종인이 사무총장 내정자의 불행했던 과거사를 끄집어내어 마치 성폭행에 관계가 있는 듯 몰아가는 것에 크게 실망했다. 그들은 선배들의 이런 비열한 행동에 인간적인 배신감을 느끼고 '아름다운 청우회' 카카오톡방을 집단적으로 탈퇴하고 청계를 떠나기로 결의했다. 그리고 다음과 같은 입장을 밝혔다.

청계를 떠나는 80, 90년대 복구세대의 입장
- 회한과 안타까움에 슬픔을 묻고 청계를 떠납니다 -

 우리들은 80년대 청계피복노조를 복구하고 90년대까지 끈질기게 싸워 합법성을 쟁취한 당사자입니다. 청계노조 30년 역사에서 근 20년간 청계노조의 맥을 잇고, 전태일 정신을 실천하는 데 몸을 던졌습니다. 우리는 청계 역사 전체의 2/3를 차지하는 비중이었고, 전태일 운동에서도 50년 중 30년간을 담당해왔지만 그동안 명예나 물질 등 그 어떤 보상도 바라지 않았습니다. 우리는 오직 우리의 젊음을 바쳐 야만의 세월을 비굴하지 않게 당당하게 살았다는 자부와 긍

이제는 놓아버리자

지로 만족하고 저마다의 자리에서 성실하게 살아가고 있습니다.

이런 우리한테 작년에 전태일 동상 철거라는 청천벽력과 같은 소식이 들려왔습니다. 전태일 동상은 우리에게는 우리의 젊음과 분노와 슬픔과 환희와 승리 그리고 전태일 동지에 대한 무한한 사랑의 상징입니다. 그런 동상을 철거한다는 것은 우리의 젊은 시절을 송두리째 빼앗아가는 것이라 생각했습니다. 이에 우리는 누가 먼저라고 할 것도 없이 "이것은 아니다."라며 철거 반대에 나선 것입니다.

뒤이어 올 봄에 들려오는 소리는 더욱 황당했습니다. 전태일 재단-조선일보 공동기획으로 조선일보 창간 기념 기사입니다. 이것은 극우 자본권력과의 야합으로 전태일 정신을 대놓고 팔아먹는 행위였습니다. 전태일 정신을 실천하기 위한 전태일 재단에서 어떻게 이런 일이 벌어질 수 있는지 상상하기 어려운 일이 벌어진 것입니다.

이런 황당한 사태는 한석호 사무총장의 독단적인 행동에 의해서 이루어진 것으로 밝혀졌습니다. 이러한 사태까지 이르게 된 것은 한석호 사무총장의 독단적인 행동뿐만 아니라 이에 동조 묵인 방조하는 사람이 있기 때문입니다.

그동안 전태일 재단 운영을 전태일 정신에 반하게 운영해 왔다는 것이 입증된 것입니다. …(중략)

한석호의 이런 추태는 재단 내 최종인, 전순옥 씨 등의 동조에 힘을 얻어 기세등등했습니다. …(중략)

우리는 선배들의 이런 행동에 너무나도 큰 충격을 받았습니다. 어떻게 지금까지 함께 일하던 동료를 한석호와 자신들의 뜻에 맞지 않다는 이유로 이런 비열한 방법으로 내치려 하는지 믿을 수가 없었습니다. 이것이 그동안 우리가 든든하게 여겼던 선배들의 모습이란 말인가! 너무도 서글프고 우리 스스로가 초라해져서 한동안 마음의 갈피를 잡지 못했습니다.

우리는 최루탄 터지는 거리에서 경찰과 맞서 싸울 때나 경찰에 잡혀가 두들겨 맞을 때에도 이처럼 슬프거나 절망하지 않았습니다. 그때는 오히려 단단해졌습니다. 아무리 목적을 위해서라지만 금도가 있는 법입니다. 더구나 전태일 이름을 내세워서 하는 일인데 이럴 수는 없다고 생각합니다.

우리는 더 이상 선배들을 신뢰할 수 없다고 판단했습니다. 아울러 전태일 재단도 자정능력이 없다고 판단했습니다. 이런 풍토에서 우리는 청계(재단)에 대한 미련을 버리고 떠나기로 했습니다.

청계!
그 이름은 우리의 피 끓는 청춘이었습니다.
그 이름은 우리의 절망과 희망과 환희와 승리였습니다.
그 이름은 보잘 것 없는 우리에게 자부와 긍지를 심어주었습니다.
그 이름은 야만의 시대를 당당하게 건너게 해 준 우리의 역사였습니다. 아,

그 이름은 우리의 영원한 추억이요 고향이었습니다. 그런 청계를 이제 우리는 회한과 슬픔을 가슴에 묻고 떠납니다. 사랑도 명예도 이름도 남김없이 한평생 나아가자던 동지의 손잡고⋯ 노조 복구 최초의 사무실이 있던 신당동 로터리. 80년대 합법성 쟁취투쟁 때 우리가 진격의 목표지점으로 삼았던 전태일 동지 분신 항거지 평화시장 앞길. 청계천 8가 고가도로를 점거해 경찰의 허를 찌른 노-학 연대투쟁의 빛나는 승리의 길. 최루탄 연막 속에서도 끝까지 놓치지 않고 피 흘리며 "청계노조 합법성 쟁취" 펼침막을 들고 있었던 을지로, 신당동, 청량리 거리. 우리들이 울고 웃던 청계천 8가 청계상가 노조 사무실. 우리들의 집이 생겨서 좋다고 밤새도록 춤추며 놀던 평화의 집. 밤늦도록 미싱소리 드륵드륵 울리던 창신동 골목골목 새겨진 우리들의 추억도 이제는 안녕을 고합니다.

 아쉬움과 안타까움으로 청계를 떠나지만 우리가 끝까지 떠날 수 없는 것은 전태일 동지의 마지막 그 말입니다.

그대들이 아는 그대들의 전체의 일부인 나. 힘에 겨워 힘에 겨워 굴리다 다 못 굴린. 그리고 또 굴려야 할 덩이를 나의 나인 그대에게 맡긴 채. 잠시 다니러 간다네. 잠시 쉬러 간다네. 어쩌면 반지의 무게와 총칼의 질타에 구애되지 않을지도 모르는, 않기를 바라는, 이 순간 이후의 세계에서, 내 생애 못 다 굴린 덩이를, 덩이를 목적지까지 굴리려하네. 이 순간 이후의 세계에서 또 다시 추방당한다 해도. 굴리는 데 굴리는 데 도울 수만 있다면 이룰 수만 있다면…

전태일 있는 전태일 재단을 간구하며 전태일 재단의 발전을 기원합니다.

2024년 7월 20일
청계피복노동조합 80-90년대 복구세대 일동

이제는 놓아버리자

초지능과 기후지옥 세상,
'지금 여기 전태일'은 어떤 삶을
선택할 수 있을까

박승옥

전태일과 백기완의 묘소 앞은 비어 있고, 의자도 있습니다.
2024년 10월 29일. 사진 민종덕.

지금 여기 전태일

1970년 11월 13일 낮 1시 30분
눈부시게 세상을 비추는 햇빛
가로막은 잿빛 구름
세상은 아름다운 기적이었고
세상을 사는 삶은 고통이었고
고통을 태우는 불길은 타올랐고

1980년 5월 18일 광주 전남대 앞
그리고 서울역 광장
눈부시게 화창한 날씨
세상은 아름다운 기적이었고
세상의 삶은 고통이었고
사람들의 마음은 불길이었고

2024년 11월 13일
세상은 여전히 기적의 아침을 맞이하고
사람들의 삶은 여전히 고통이고

지금 여기 세상의 전태일들은 절을 하고
어제와 결별한 전태일들도 절을 하고
예수와 붓다와 무함마드도 절을 하고
이소선과 고따미와 강주룡도 절을 하고
내가 나에게 절을 하고

1. 금수저 기득권으로 신분 상승(?)
아니, 타락한 전태일

마석 모란공원 묘지에 갇혀 박제화된 전태일

2024년 8월 10일 토요일, 저는 마석 모란공원에 갔습니다. 공주 마곡사 근처 햇빛학교에서 아침 7시에 출발해 공주 시내버스, 공주-서울 고속버스, 서울 지하철 9호선, 경춘선 마석역에서 모란공원까지 택시를 타야만 했던 멀고 먼 여정이었습니다. 대중교통을 이용했지만 어쨌든 이산화탄소를 콸콸콸 배출하면서 가고 오는 여행이었습니다.

1994년에 세상을 뜬 이범영(전 민주화운동청년연합-한국민주청년단체협의회 의장)의 30주기 묘소 참배와 추모문화제에 참석하기 위해서였습니다. 이범영은 1980년 '서울의 봄'과 5.18 광주민중항쟁부터 내내 함께 학생운동과 사회운동을 했고, 1992년부터 1994년까지는 양평 무드리 시골 마을에서 이웃으로 살던 벗이었습니다.

추모행사 시작 시간인 11시보다 조금 일찍 먼저 도착한 저는 민주공원 위 쪽으로 천천히 걸어 올라갔습니다. 연일 기록을 갱신하는 폭염과 짐통 더위에 땀은 줄줄 흐르고 발걸음은 나무 그늘을 찾아 저절로 지그재그가 되었습니다.

이옥순, 문익환, 최종길, 조영래 묘소에 차례로 잠시 멈춰 서서 묵념을 했습니다. 마침 근처에서 '일농(一農) 김준기 선생

1주기 추모식'이 진행되고 있었습니다. 거기서 오래간만에 잘 알고 지내는 김준기 선생의 막내아들 지음(김승택)과 서동석 전 민중불교운동연합 의장도 만나 인사를 나누고 고인에게 절을 올렸습니다.

　김준기는 서울농대 학생일 때부터 농사단을 창단하고 농민운동의 대표 애창곡 농민가를 만든 장본인입니다. 서울대 4H연구회와 전국 4H연구회연합회를 창립해 회장으로 일했고, 1968년 가톨릭농민회 창립에도 참여한 평생 농민운동가였습니다.

　이윽고 전태일 묘소에 이르렀습니다. 전태일과 전태일 옆 백기완 묘소 바로 앞 묘지 자리에 묘지 없이 맨바닥으로 휑하니 비어있는 공터, 그리고 그 아래 쪽으로 내려가는 돌계단 옆 축대 위 2개의 의자까지 확인할 수 있었습니다. 사람들의 온갖 탐욕과 어리석음에 대한 쓸쓸함이 잠시 매캐한 연기처럼 피어올랐습니다.

　전태일 묘소와 백기완 묘소 앞에서 묵념을 하는 내내 심호흡을 하면서 마음 속 검은 연기를 바라보고, 나 자신을 들여다보고 성찰했습니다. 전태일과 수많은 '지금 여기 전태일'들을 떠올리고 연기를 가라앉혔습니다.

　그 연기가 밖으로 나와 세상에 해를 끼치지 않고 조용히 사라질 수 있도록 '전태일과 지금 여기 전태일들'의 날숨을 내 몸의 들숨으로 들이마셨습니다. 그리고 내 온몸 구석구석을 여행하며 그 연기를 '지금 여기 전태일들'의 마음으로 바꿔 다시 날숨으로 내보냈습니다. [4]

4　원혜・박승옥 함께 걷고 박승옥 적다, 『어떻게 걸어야 하나: 걷기명상』, 기적의 마을책방, 2024.

2023년 3월 10일, 전태일, 백기완 묘소 바로 앞 묘지에서는 '고 최혁배동지 유골 안장식'이 진행될 예정이었습니다. 최혁배는 1월 20일 이승을 하직했습니다. 유족들이 마석 모란공원의 민주공원 안에서 묘지를 찾았으나 구하지 못해 장례식이 2개월여나 지연되었습니다.

그렇게 어렵사리 구한 묘소에서 뒤늦게 치르려 했던 유골 안장식은 그러나 30여 명에 이르는 이른바 '민주화운동 활동가'들의 폭력과 방해로 무산되고 말았습니다. 전태일기념사업회, 백기완기념사업회, 추모연대, 노동자 역사 '한내' 등에서 나온 활동가 무리들은 전태일, 백기완 묘역 앞은 추모객과 추도식 등을 위해 '아무 것'도 없는 공터로 비워둬야 한다는 주장을 폈다고 합니다.

국립묘지도 아니고 정당한 비용을 치르고 사설 공원묘지를 구입한 고 최혁배 유가족들로서는 아닌 밤중에 날벼락이었습니다. 도무지 이해할 수조차 없는 어처구니없는 사태였습니다.[5]

최혁배는 1970년 서울법대에 입학해 그해 11월 13일 '전태일 사건'을 만납니다. 전태일 분신 당시 장례 활동을 벌이면서였습니다. 전태일 사건은 이른바 출세가 보장된 그의 미래를 송두리째 바꾸어 놓은 강력한 세계관의 충격 그 자체였습니다. 그 직후부터 그는 이소선 어머니와 교류하면서 청계피복노조 활동을 지원한 숨은 조력자였습니다.

5   유재무, 「최혁배동지 유골 안장 저지는 범죄」, 예장뉴스, 2023. 3. 20.

그렇습니다. 전태일 분신은 그냥 매일매일 일어나는 수많은 사건사고 가운데 하나로 그치지 않았습니다. 미디어에 잠시 주목을 받다가 이윽고는 사람들의 뇌리에서 사라질 '그때 그 사건'으로 사라지지도 않았습니다.

'내게 대학생 친구가 있었더라면' 하고 대학생 친구를 희망했던 전태일의 바람대로 조영래, 장기표, 최혁배를 비롯한 수많은 대학생들이 구름같이 장례식장에 몰려왔습니다. 그리고 1970년대와 1980년대 내내, 21세기에 들어선 지금까지도 '나의 나'인 또다른 전태일들이 계속해서 새로 태어나고 있습니다.

수많은 노동자들이 전태일의 뒤를 이어 전태일이 되었습니다. 수많은 대학생들도 전태일이 되었습니다. 대학 진학률이 70%에 이르고 그들 대부분이 노동자로 살아야 하는 오늘날에는 더더욱 그렇습니다.

전태일과 이소선의 현대판 종9품 '능참봉'들, 전태일 재단

1983년 돌베개출판사 편집장으로 일하면서 저는 전태일 평전 『어느 청년노동자의 삶과 죽음』을 출판했습니다. 당시 돌베개 출판사 사장 임승남은 전쟁고아 출신으로 '대도 조세형'의 친구였고 별이 너무 많아 셀 수도 없던 전과자 출신이었습니다. 요즘 가끔 언론에 오르내리는 부랑아 아동 강제수용소였던 '선감도' 출신이기도 합니다.

전태일 평전을 발간하면 즉시 둘이 함께 감옥가게 될 거라고 말하는 제게 껄껄 웃으면서 "야! 별 하나 더 다는 게 뭔 대수라고, 걱정말고 책이나 잘 만들어!"라고 대수롭지 않게 말하던 사람이었습니다. 그리고는 판매금지에 맞서 어떻게 하면 비공식 통로로 좀 더 많이 책을 판매할 수 있을까 노심초사 고민하고 연구하던 또다른 전태일이었습니다.

이소선 어머니도, 책의 저자로 이름을 올린 전태일기념관건립위원회 회장 문익환 목사도, 공동으로 함께 돌베개출판사를 운영하던 이해찬(전 국무총리)도 모두 편집장과 사장 두 사람의 구속은 당연한 일로 여기고 걱정하고 있었습니다.

그런데 어인 일인지 책을 내고도 경찰서에 연행조차 당하지 않았습니다. 1985년 총선, 1986년 아시안 게임, 1987년 대통령 선거 등의 정치일정을 앞두고 이른바 '유화국면' 덕을 톡톡히 본 것입니다.

당시에는 밤 12시 통행금지가 있었습니다. 전태일 평전 책을 내고 일이 많아져 통금을 넘기고 출판사 편집실에서 밤을 지새우기 일쑤였습니다. 그런데 새벽에 전화를 거는 사람들이 그렇게 많았습니다. 전화를 받으면 깜짝 놀라면서 도리어 제게 어떻게 지금 이 시간에 전화를 받으시냐고 물었습니다.

그 시간에 전화를 받을 사람이 출판사에는 없을 것이라는 사실을 뻔히 알면서도 그래도 전화를 걸지 않으면 안될 것 같아 그냥 무작정 전화를 했다고 말했습니다.

거의 대부분 울먹이며 말을 이어갔습니다. 지금 막 전태일 평전을 단숨에 밤새워 읽었다고 했습니다. 그리고 전태일을 만나게 해줘 고맙다는 말을 수도 없이 되풀이 했습니다. 저도 모르게 제 목소리도 울먹이지 않을 수 없었습니다.

금수저 기득권으로 신분 상승(?) 아니, 타락한 전태일

제 삶을 돌아볼 때 가장 빛나던 시절이었습니다. 그 순간만큼은 그 노동자와 제가 한마음으로 전태일을 마음 깊이 받아들이고, 이제부터 전태일로 다시 태어나 삶을 새롭게 살 것을 다짐하는 서원식(誓願式)과도 같았습니다.

　　최혁배는 박정희 유신체제가 온 사회를 짓누르고 있던 1970년대에 노동현장에 들어가 노동자로 일하기도 했습니다. 1980년대 학생 출신 노동운동, 이른바 위장취업의 몇 명 안되는 선구자 가운데 하나였습니다. 그 당시 청계천에 '또또사'로 취업했던 김문수 현 노동부장관과 경북고-서울대 동기이자 절친이었습니다. 물론 1990년대부터는 아예 상종조차 하지 않았습니다.

　　최혁배는 민중신학을 바탕으로 미국과 유럽 등지의 한국 민주화운동 지원 세력과의 연대 사업도 게을리하지 않았습니다. 노동현장에서 나와 기독교단체에서 일하던 그는 얼마 뒤 단체를 그만둡니다. 그리고는 특유의 기획력과 추진력으로 다양한 비공식 프로젝트 사업을 추진합니다.

　　그는 쌩텍쥐페리 재단인 '인간의 대지'로부터 1980년대 초 당시로서는 거금인 20만 마르크(약 1억 4,400만원)을 지원받아 창신동 '평화의 집'을 구입할 수 있게 만들었습니다. 이 공간이 다름아닌 전태일기념관입니다.

　　청계천 7가 청계삼일아파트 4층 2채도 최혁배가 미국 연합장로회로부터 지원받아 전태일기념관으로 사용할 수 있게 마련해 준 공간이었습니다. 창신동 '평화의집'은 큰 길가에서 한참 미로같은 골목길로 들어가야 있어서 조합원들이 드나들기가 어려웠습니다. 그래서 드나들기 쉬운 삼일아파트와 맞바꿔 평화의집을 기념관으로 삼일아파트를 조합 사무실로 사용하게 된 것입니다.

이 두 공간을 기본 자산으로 전태일 재단이 설립될 수 있었습니다.

그뿐만이 아닙니다. 인천 지역 노동자들의 공간인 골목집, 구로 여성노동자 공간, 철산동 공동육아 공간 마련을 비롯하여 노동자복지협의회, 서노련 등 노동운동단체는 물론 민주언론협의회(『말』지), 민불련[6], 공해문제연구소 등에도 자금을 마련해 주었습니다. 이것은 전두환 군사독재 시절 노동운동 단체와 민주화운동 단체에는 그야말로 생명수와도 같았습니다.

저도 최혁배의 혜택을 입었습니다. 철산동 공동육아 공간이 마련되자마자 저는 일부러 그 근처로 이사해서 첫째 아이를 거기에 맡겼습니다. 교사였던 아내와 돌베개 출판사에서 일하고 있던 저에게는 안심하고 아이를 맡길 수 있었던 공동육아 공간이 그야말로 천군만마였습니다. 지금도 여전히 왕성하게 사회활동을 계속하고 있는 한국진보연대 공동대표 박석운의 아이도 거기에서 함께 성장했습니다.

최혁배는 1970년 11월 13일 '생을 걸고' 온마음으로 전태일을 만나 전태일의 대학생 친구가 되었습니다. 그리고 평생을 전태일로 살았습니다.

그날 이후 그는 서울법대 출신의 이른바 출세한 사람들과 달리 불의와 타협하거나 변절하지 않고 삶의 마지막 순간까지

---

6 서동석, 「민불련 창립의 뒷이야기」, 『불교평론』, 2022년 겨울호.

올곧게 삶을 산 사람입니다. 전태일 사건을 마주하고 굳게 다짐한 마음 속 결심을 끝까지 지키며 일생을 민주화운동과 노동자를 비롯한 약자들의 '뒷것'으로 음지에서 헌신한 사람이었습니다.

그 댓가로 그는 안기부에 끌려가 혹독한 고문을 당해야 했습니다. 당시 이른바 종로5가 기독교회관을 근거지로 활동하던 민주화운동 기독교 단체들의 자금줄을 건드린 그를 일부 종로5가 목사들이 증오에 가깝게 싫어했고, 그를 안기부에 넘겼다는 소문이 파다했습니다.

결국 최혁배는 국가보안법으로 징역을 살고 나와서는 고문 후유증으로 다리를 못쓰게 돼 나중에는 목발을 짚고 살아야 했습니다. 미국에서 변호사 생활을 하다가 돌아왔다는 소식을 듣고 한달음에 최혁배를 만난 저는 그의 목발을 붙잡고 눈물이 핑 돌아 한동안 말을 이을 수가 없었습니다.

그런 최혁배에 대해 전태일기념사업회는 추도식을 주관해도 시원치 않을 판에 오히려 모란공원 민주묘역의 유골 안치식까지 방해하고 나선 것입니다. 지하의 전태일을 감옥에 가두어 놓고 이근안처럼 전태일을 물 고문하면서 전태일로 하여금 진정한 벗이었던 최혁배의 얼굴에 침을 뱉도록 강요하는 것과 똑같은 짐승같은 짓거리였습니다.

아니 정정합니다. 짐승 분들이여! 널리 용서해주시길. 제가 실수로 잘못 말했습니다. 짐승들도 은혜를 입으면 그 은혜를 갚습니다.

지하의 이소선 어머니가 이 소식을 들었다면 까무라쳐 기절했을 것입니다.

결국 고 최혁배는 2023년 5월 9일 민주공원 내 다른 곳에 묻혔습니다. 그날도 저는 허우적허우적 공주에서 서울로 마석으로 여행에 나섰습니다. 누구보다도 더 최혁배를 잘 알고 깍듯하게 모셨던 청계노조 전 위원장 민종덕과 황만호는 말할 것도 없고, 이범영 부인 김설이도 오고, 소식을 듣고 많은 지인들이 모였습니다. 그날 저는 전태일 묘지와 백기완 묘지가 있는 쪽으로는 얼굴도 돌리고 싶지 않았습니다. 당연히 참배도 하지 않았습니다.

내 마음 속 전태일이 그 묘지에는 '나의 또다른 나', 인간다운 삶을 살고자 간절히 추구하는 '나, 전태일'도 없고 지금 여기 수많은 전태일들도 없다고 준엄하게 꾸짖고 있었습니다.

전태일 재단의 최혁배 묘지와 장례식 방해는 전태일과 백기완 묘역을 성역화-권력화하고 전태일을 기득권 금수저로 신분 상승, 아니 전락-타락시키는 북한의 세습왕조식 행위와 하나도 다를 바 없습니다.

금수저 기득권이라는 비유가 다소 비약이고 귀에 거슬리면서 좀 과격하게 들릴지도 모르겠습니다. 그러나 전태일 재단이 폭력을 동원하면서까지 받들어 모시고 있는 우상은 이런 신분이라는 것이 저의 생각입니다.

지금 여기 오늘의 '고(故) 전태일'은 최하위 벼슬이지만 종9품인 '능참봉'들을 30여 명이나 거느리고, 조물주 위의 건물주로서 수십명의 비서진들을 두고 있는, 뼈대있는 운동권 성골 이소선-전태일의 명문가 2세, 금수저 기득권으로 신분이 상승

돼 있습니다.

　조선시대 예송(禮訟)논쟁도 아니고, 전태일-백기완 묘지 앞에는 '아무 것'도 없어야 한다고 '뒷것' 최혁배를 지하의 고문실로 끌고 나가는 얼빠진 추태를 벌인 것입니다.

　역사의식이라고는 찾아볼 수조차 없는 눈먼 자들의 광기가 섬뜩하기만 합니다. 갈수록 시력을 잃는 전염병이 돌아 마침내 눈먼 자들의 도시가 된다는 노벨상 수상 작가 주제 사라마구의 소설을 떠올리게 합니다.

　생전의 전태일과는 아무런 관계가 없는 일종의 '전태일 팔아먹기 시체 장사, 관뚜껑 장사' 영업행위였습니다. 아니 정확하게는 전태일 정신을 배반하는 반전태일 행위입니다. 21세기 지금 여기에서 탐욕에 눈이 멀어 몇 푼의 돈과 쥐꼬리만한 권력을 차지하기 위해 벌이는 아귀다툼일 따름입니다.

2. 내가 만난 전태일 사건

전태일은 예수, 붓다, 보살입니다

전태일은 예수였고 붓다, 보살이었습니다. 초등학교도 졸업하지 못하고 고등공민학교를 다녔던 22살의 젊은 청년이 노동자도 인간이라며 분신을 결행하기에 앞서 쓴 유서는 지금도 사람들의 마음을 깊고도 잔잔하게 울립니다.

친우여, 나를 아는 모든 나여,
나를 모르는 모든 나여,
부탁이 있네, 나를, 지금 이 순간의 나를 영원히 잊지 말아주게.
그리고 바라네. 그대들 소중한 추억의 서재에 간직하여주게.
뇌성 번개가 이 작은 육신을 태우고 꺾어버린다고 해도,
하늘이 나에게만 꺼져 내려온다 해도,
그대 소중한 추억에 간직된 나는 조금도 두렵지 않을걸세.
그리고 만약 또 두려움이 남는다면 나는 나를 영원히 버릴 걸세.
……
그대들이 아는, 그대들 전체의 일부인 나.
힘에 겨워 힘에 겨워 굴리다 다 못굴린,

그리고 또 굴려야 할 덩이를 나의 나인 그대들에게 맡긴 채,

잠시 다니러 간다네, 잠시 쉬러 간다네.

어쩌면 반지(指環)의 무게와 총칼의 질타에

구애되지 않을지도 모르는, 않기를 바라는

이 순간 이후의 세계에서

내 생애 다 못굴린 덩이를, 덩이를,

목적지까지 굴리려 하네.

이 순간 이후의 세계에서 또다시 추방당한다 하더라도

굴리는 데, 굴리는 데, 도울 수만 있다면,

이룰 수만 있다면…

– 조영래, 『전태일 평전』 2차 개정판, 돌베개, 2021.

  전태일의 일기를 보면 그는 오랜 시간의 고뇌와 사색을 거듭합니다. 마침내 전태일은 '나, 자아'를 버리고 나의 나인 평화시장의 어린 동심 곁으로 돌아가기로 결단을 내립니다. 모든 생명체가 연결된 하나임을 깨닫고 생명으로 돌아가기로 마음을 먹습니다.[7]

  붓다가 자신의 깨달음을 중생들에게 전해줄까 말까 망설이다가 마침내 결단을 내려 초전법륜에 나선 것과 똑같습니다. 예수가 십자가에 못박혀 죽을 것이라는 사실을 뻔히 알면서도 지금 여기 이 땅 위에서 멸시받고 천대받는 최하층 인민[8]들의

---

7 조애나 메이시 • 몰리 영 브라운, 이은주 옮김 유정길 감수,『생명으로 돌아가기』, 모과나무, 2020.

8 박승옥,「동무 인민이란 말을 되찾아야 사상이 꽃핀다」, 프레시안 2005. 12. 인민이란 말에 대해 거부감과 두려움을 동시에 느끼는 사람도 있을 것입니다. 그러나 바로 이같은 거부감과 두려움으로부터 자유와 해방을 되찾아야 진정으로 자유로운 민주주의 사회가 가능해집니다. 인민이란 용어는 대한민국 헌법 초안에서도 사용했고, 대한민국 정부 수립 뒤에도 대통령의 공식 담

마음 속으로 들어가 그들과 함께 우애와 환대의 이웃공동체 천국을 건설하기로 마음먹고 3년의 짧은 공생활을 결단한 것과 똑같습니다.

　이 결단을 두고 얼마나 오랜 시간을 망설이고 괴로워했던가?
　지금 이 시각 완전에 가까운 결단을 내렸다.
　나는 돌아가야 한다.
　꼭 돌아가야 한다.
　불쌍한 내 형제의 곁으로, 내 마음의 고향으로.
　내 이상의 전부인 평화시장의 어린 동심 곁으로.
　나를 버리고, 나를 죽이고 가마.
　조금만 참고 견디어라.
　너희들의 곁을 떠나지 않기 위하여 나약한 나를 다 바치마.
　너희들은 내 마음의 고향이로다.
　- 조영래, 『전태일 평전』 2차 개정판, 돌베개, 2021.

　1963년 6월 11일. 지금은 사라진 국가인 남베트남의 유명한 불교 지도자 틱꽝득(Thich Quang Duc) 스님이 사이공의 미국 대사관 앞에서 분신을 감행합니다.
　당시 남베트남 독재자였던 가톨릭 신자 응오딘지엠은 불교

화문에서조차 버젓이 썼던 말이었습니다. "이 제도로 성립된 정부만이 인민의 자유를 보장하는 정부입니다."(이승만 대통령의 대한민국 정부 수립 국민축하식 기념사, 한성일보, 1948. 8. 16.) 인민이란 말의 의미와 역사에 대해서는 지은이가 곧 출판할 제7공화국 책의 부록에서 더 자세한 설명이 있을 것입니다.

　　　　　　　　　　　　내가 만난 전태일 사건

의 스님들이 반정부 성향이라는 이유로 절을 폭파하고, 석가탄신일 봉축 행사마저 금지시켰습니다. 꽝득 스님은 이같은 만행에 대한 답변으로 분신을 결행한 것입니다.

꽝득 스님은 가부좌를 튼 채 참선하면서 살이 타들어가는 뜨거운 화염 속에서도 표정 하나 일그러짐 없이 조용히 소신공양(燒身供養)을 마쳤습니다. 더구나 마지막에는 앞으로 넘어지지 않고 뒤로 넘어져 숨을 거두었습니다.

이 모습은 전세계 인민들에게 엄청난 충격을 주었습니다.

미국에서는 반전의 물결이 거세게 타올랐고, 케네디 정부는 얼마 후 월남 군부를 사주해 쿠데타로 지엠을 실각시킨 뒤 아예 사살해 버립니다.

우리에게 널리 알려진 틱낫한 스님도 꽝득 스님의 도반으로 참여불교운동의 젊은 지도자 가운데 한 사람이었습니다. 틱낫한은 마틴 루터 킹 목사에게 보낸 편지에서 이렇게 말했습니다.

1963년 베트남 스님들의 소신공양은 서구 기독교의 도덕 관념이 이해하는 것과는 아무래도 좀 다릅니다. 언론들은 그때 자살이라고 했지만 그러나 그 본질을 살펴보면 그것은 그렇지 않습니다. 그것은 저항 행위도 아닙니다. 분신 전에 남긴 유서에서 그 스님이 말하고 있는 것은 오로지 압제자들의 마음에 경종을 울리고 그들의 마음을 감동시키는 것을 목적으로 하고 있으며, 베트남 사람들이 겪고 있는 고통에 대하여 세계의 이목을 집중시키는 것을 목적으로 하고 있습니다.
- 『인권오름』 207호(2010. 6. 13)에서 재인용

　그렇습니다. 전태일의 분신은 저항의 행동을 넘어서서 사람들의 마음에 경종을 울리고 사람들의 마음 속으로 들어가 감동과 공명을 일으키고자 한 깨달음의 결단이었습니다.

　틱꽝득 스님은 당시 속가 나이로 66세였습니다. 오랜 수행으로 깊은 선정을 실천할 수 있었고, 소신공양 도중 고통스런 몸짓도 없이 조용히 열반에 들었습니다. 이 점은 명상 수행의 경험이 없는 22살의 청년 전태일이 고통스럽게 죽음을 맞이한 것과는 차이가 납니다.

　그러나 전태일은 그런 고통 속에서도 이소선 어머니에게 "내가 못다 이룬 일 어머니가 꼭 이루어주십시오"라고 다짐을 받습니다. 친구들에게도 "내 말 분명히 듣고 잊지 말게, 내 죽음을 헛되이 말라!"라고 당부합니다.

　1970년 전태일 분신 이후 수많은 사람들이 전태일과 이소선 어머니, 청계노조, 나아가 한국 노동운동과 인연을 맺는 '전태일 사건'을 경험했습니다. 예수의 부활을 온몸과 마음으로 받아들이고, 하늘 위에 있는 천국이 아니라 지금 여기 지상에서 하느님 나라를 건설하며 삶을 살겠다고 다짐하는 예수살이 사건과 같은 그런 사건입니다. 가장 밑바닥에서 몸과 마음 모두 고통받으며 가난하게 살고 있는 사람들과 함께 먹을 것, 입을 것, 살 곳을 공유하는 우애와 환대의 이웃공동체 운동으로, 지금 여기 자신의 삶을 걸고 민중 속으로 걸어 들어가는 사건이었습니다. 서구에서 일어난 '역사적 예수 운동'도 우리나라 노

동운동 식으로 말하면 전태일 사건과 같은 운동이라고 말할 수 있습니다.

붓다는 이를 연기법이라고 이름 붙였습니다. 전태일 분신을 조건으로, 전태일 분신을 연(緣, paticca)하여, 스스로 대오각성 깨달아 이웃과 함께 살아가는 붓다 사건, '전태일 사건'이 일어나게(起, samuppada) 됩니다. 삶의 대전환입니다.

불교식 표현으로 전태일 사건은 육바라밀(六波羅密)이라고 할 수 있습니다. 이웃과 함께 나누고, 사람으로서의 도리를 지키고, 성냄을 참고, 탐욕에 눈멀지 않도록 게으름 피우지 않고 마음을 끊임없이 다스리며 정진하고, 명상 수행을 하고, 늘 사람과 사물, 사건을 밝게 꿰뚫어 이해하는 생활 속 실천을 말합니다.

동학에서는 이를 한울님의 모심과 살림으로 가르쳤습니다.

물론 지금도 이같은 전태일 사건을 일으키는 사람들이 숱하게 이어지고 있는 중입니다.

전태일의 무덤 안에는 지금 여기 살아있는 전태일이 없습니다. 거기에는 전태일의 마음도 행동도 실천도 없습니다. 그냥 죽은 자의 뼈만 있을 뿐입니다. 그 뼈는 '전태일 정신'이 전혀 아닙니다.

진시황 무덤은 진시황과 그 시대 인민들이 죽음 이후의 세상도 현실의 세상과 비슷할 것이라고 생각한 세계관을 반영한 것입니다. 시체를 방부제 처리해서 전시하고 거대한 김일성-김정일 무덤을 만든 행위는 마르크스의 유물론을 정면에서 배반하는 봉건 왕조 세계관에서 나온 행위입니다. 그냥 김정은 수

령의 세습 권력을 정당화하기 위한 우상화 상징일 뿐입니다. 일종의 종교 의례입니다.

전태일 묘지를 우상화 절대화하는 전태일 재단은 더 이상 전태일정신을 실천하는 단체라고 볼 수 없습니다. 늘 노동자의 인간다운 삶을 실현하기 위해 노동운동 최일선에서 고투하고 국가 권력과 다투었던 이소선 어머니의 유지도, 생전의 실천을 계승하는 행위도 전혀 아닙니다.

최혁배 안장식의 방해와 폭력 행사는 지금 여기 살아있는 전태일과 백기완에게 똥바가지를 뿌리는 행위입니다. 조선 시대 능참봉을 21세기인 오늘에 되살려 놓는 이상한 작태입니다.

전태일 재단과 이른바 민주활동가들에게 전태일의 마음이 깃들어 있기나 한 건지 저는 잘 모르겠습니다. 전태일 재단과 그들의 단순무식 용감한 마음 속에 무엇이 들어 있는지도 저는 잘 모르겠습니다.

내가 체험한 '전태일 사건'

저는 1970년 당시에는 고등학생이었습니다. 철거민들이 살던 시흥동 산동네 판자촌에서 극빈의 삶을 살고 있었습니다. 신문 기사를 보고 어렴풋이나마 전태일을 접하긴 했습니다. 그러나 제 마음 속에서 사건은 일어나지 않았습니다.

1970년대 대학에 들어가 학생운동을 하면서도 전태일을 접하긴 했지만 사건이라고까지 할 일은 일어나지 않았습니다.

그러다 1980년 5.18 광주민중항쟁 이후 입만 뻥끗 잘못 놀려도 살벌하게 붙잡혀가 초죽음에 이르기까지 고문당해야만 하는 시절에 전두환 신군부의 청계노조 해산 명령 사건이 인연을 일으켰습니다.

노조 해산 명령에 맞선 투쟁에 대해 임현재 지부장과 이승철 등 간부들은 투쟁을 회피하고 주저했습니다. 감옥가는 게 분명한 일인데 쉽게 결단하기 어려웠을 것입니다.

그러자 민종덕, 황만호, 김영대, 신광용 등과 어린 평조합원들은 1981년 1월 30일, 22명이 미국의 노동기구인 아시아아메리카자유노동기구(아프리, AAFRI) 서울 사무실을 점거하고 농성을 벌였습니다. 임현재 지부장은 그날 오후 아프리 사무소에 전화를 걸어 아이들이 몰려가니 피하라는 정보를 주기까지 했다고 합니다.

점거농성 사건을 결행하기 며칠 전인 1981년 1월 중순 저는 주동자인 민종덕을 처음 만났습니다. 민종덕은 당시 대의원들이 선출한 청계노조 집행부 사무장이었습니다.

저는 1980년 5월 18일 일요일 아침, 계엄포고령 전국 확대 이후 최초로 서울역에서 시위를 벌여 체포되었습니다.

서울의 봄 당시 서울대 학생회에서는 계엄이 확대되면 그 이튿날 아침 서울역 광장 등 몇 군데로 집결해 시위를 벌이기로 사전에 공지해 놓고 있었습니다. 5월 18일 아침 서울역 광장에는 약 2백여명의 학생들이 여기저기 흩어져 이제나저제나 주동자가 나타나길 기다리고 있었습니다. 그런데 사복형사들이 더 많은 것 같았습니다.

서울공대 이용선(현 국회의원)과 제가 주동자로 뛰쳐나가 구호를 외치며 '훌라송'이라고 부르는 "와서 모여 함께 하나가 되자" 노래를 시작하자 순식간에 학생들이 모여들었습니다. 학생들은 스크럼을 짜고 서울역에서 갈월동 사거리까지 시위를 벌이기 위해 뛰어갔습니다.

당연히 시위 대열은 곧바로 형사들과 경찰들에 의해 무자비하게 해산당하고 저는 제일 먼저 잡혔습니다. 웃옷은 찢어졌지만 다행히 다치지는 않았습니다. 저는 즉시 남대문서 지하 유치장으로 끌려갔습니다.

그런데 다음날 저만 남겨두고 학생들 모두가 훈방되었습니다. 워낙 많은 학생들이 잡혔고 계엄 초기라 지침도 없는 것처럼 보였습니다. 참으로 다행스런 일이었습니다.

그 넓은 유치장에 저 혼자 덩그러니 있게 되었습니다. 나중에 알게 된 사실이지만 저는 이미 신문에 대문짝만하게 발표된 수배자 명단에 들어가 있었습니다.

일찍 잡혀서인지 저는 합동수사본부에 끌려가지도 않고 고문도 받지 않고 경찰서 조사도 받지 않고 남대문경찰서에 일주일 정도 머물러 있었습니다. 거기서 당시 남대문서를 출입하던 조순용 동양방송 기자로부터 광주항쟁 소식을 들었습니다. 나중에 김대중 정부 청와대 정무수석을 지낸 학생운동 선배였습니다.

그러다 관악경찰서로 옮겨가 장기간 그냥 불법 구금 상태로 있었습니다. 5.18 광주민중항쟁으로 신군부도 정신이 없었고, 경찰서와 군, 검찰 등 관계기관의 협업 체제도 원활하게 작동하지 못한 까닭인 듯 싶었습니다.

계엄포고령 위반으로 군법에 넘겨져 수도군단 영창에서 안양교도소로 위탁 수감돼 있던 저는 다른 5.18 검거자들보다 다소 일찍 감옥에서 풀려나왔습니다.

내가 만난 전태일 사건

포탄이 떨어진 곳에는 다시 포탄이 날아오지 않습니다. 감옥에서 막 나온 제게 수사기관의 밀착 감시는 없는 것처럼 보였습니다. 이 때 5.18 당시 구속을 피했던 원혜영(전 국회의원), 신동수(한살림 우리보리살림협동조합 대표) 선배로부터 만나자는 연락이 와서 함께 민종덕을 보게 된 것입니다.

　모름지기 사람은 선후배 친구를 잘 사귀어야 합니다. 원혜영은 제 고등학교 선배이고 저를 학생운동으로 이끈 나쁜(?), 그리고 지금까지도 여러모로 고마운 선배입니다.

　신동수는 조영래, 김근태(전 국회의원)와 경기고 동기로 이들과 함께 고등학교 때부터 3선개헌 반대 시위를 주도했던 역시나 싹수부터 질나쁜(?!) 선배였습니다. 도무지 말을 통 하지 않으면서도 시위나 집회를 늘 배후조종하는 실천가였습니다. 탈춤반과 연극반 등 이른바 '딴따라'의 대부 격이기도 했습니다. 1975년 긴급조치 9호 선포 직후 최초의 학생 시위였던 서울대 5..22(오둘둘) 사건 배후로 김근태와 함께 오랫동안 도피생활을 하다 서울의 봄 당시에 마찬가지로 김근태와 함께 광명을 되찾은 경우였습니다.

　얼마 뒤에 알게 된 사실이지만 원혜영과 신동수는 1981년 5월 압구정동 아파트 촌에 유기농산물 직매장 풀무원을 개설하기 위해 동분서주하고 있었습니다. 원혜영 선배의 아버님이 당시 부천에 있던 풀무원 설립자 원경선이었습니다.

　아무튼 그날 4명이 모인 자리에서 아프리 점거농성을 사람들에게 알리는 홍보 선전 임무가 제게 떨어졌습니다.

　저는 신동수가 써 준 성명서를 당시로서는 최첨단 등사기를 돌려 광주민중항쟁 유인물을 만들어 뿌리고 있던 이래경(다른 백년 명예 이사장)에게 가서 유인물을 제작했습니다. 우선 구로공단 노동자 밀집 주거지역인 속칭 '벌집'에 뿌리기로 했습니다.

누구와 함께 할까 고민하던 저는 당시 서울대 사회학과에 재학 중이던 김학묵에게 유인물 배포를 제안했습니다. 한 사람은 망을 보고 한 사람은 방 문마다 유인물을 집어넣는 일을 분담해서 해야 했기 때문입니다.

김학묵은 한치의 머뭇거림도 없이 흔쾌히 응낙했습니다. 솔직히 걸리면 곧바로 감옥행이고 제적당할 판입니다. 승낙과 생각해보겠다는 사실상 거절을 반반으로 보았는데 의외였습니다.

김학묵과 저는 1월의 어느 차가운 겨울 밤중에 구로공단 오거리 벌집을 다니면서 꽤 많은 유인물을 방방마다 집어넣었습니다. 가슴은 쿵쾅쿵쾅 뛰고 인기척만 나도 경찰인가 싶어 초긴장한, 그야말로 온몸의 구석구석 세포 하나하나까지 모두 팽팽하게 살아나 날뛰는 시간이었습니다. 두세 시간 뿌린 것 같았는데, 그 시공간이 정말로 혜초의 왕오천축국전(往五天竺國傳)보다 더 길고도 먼 길 여행처럼 느껴졌습니다.

김학묵은 그 후 버스회사 정비공으로 들어가 노동자로 일하다가 여러 사건과 번민이 겹쳐 스스로 목숨을 끊었습니다. 이화여대 뒤 봉원사에서 추모제를 지낼 때 김학묵의 사진을 그저 저만치서 하염없이 바라보던 그 순간이 아직도 생생하게 떠오릅니다.

전태일평전 『어느 청년노동자의 삶과 죽음』 출판

1983년 봄 어느날 민종덕이 전태일평전 원고를 제게 건네주었습니다. 인천 구월동의 아파트에서였습니다. 청타기(淸打機)로 복사한 파란색 육필 원고였습니다. 민종덕과 저는 이미 전태일평전을 출판하기로 단단히 약조를 한 상태였습니다.

민종덕과 저는 1981년 봄 무렵 신동수 선배가 마련해 준 인천 구월동의 주공 아파트에서 함께 지냈습니다. 민종덕은 아프리 사건으로 수배가 떨어져 이른바 '도바리' 신세가 되었습니다.

똑같은 처지의 이범영, 박우섭, 소준섭 등 수배자들이 득시글득시글 함께 모여 사는 양산박같은 범죄자(?!) 소굴이었습니다. 수배자가 아닌 사람은 제가 유일했기에 제 이름으로 아파트를 얻었습니다. 동은 다르지만 같은 단지에 김근태 형과 인재근(전 국회의원) 부부가 살고 있었습니다.

그때 서로 토론도 하고 지하 유인물도 만들고 김근태 형으로부터 노동운동과 민주화운동에 대한 전망과 조직론 등 많은 것을 배우기도 했습니다.

소준섭의 『광주백서』도 여기서 타이핑하고 등사기로 일일이 인쇄해서 제작했습니다. 몇 년 지나 이 『광주백서』를 토대로 황석영 이름의 『죽음을 넘어 시대의 어둠을 넘어』가 출판됩니다.

1983년 초봄에 결혼을 하면서 저는 아파트를 떠났습니다. 그 무렵 다른 사람들도 수배가 풀리고 그래서 우리들의 '구월동 시대'도 자연스럽게 끝났습니다.

민종덕은 제게 육필원고의 장본인에 대해 입도 뻥끗 하지 않았습니다. 저도 아예 물어보지도 않았습니다. 어차피 잡혀가 두들겨 맞거나 고문받을 게 뻔한데, 모르는 것이 상책이었습니다. 솔직히 조영래라고는 짐작도 못했습니다.

저자를 누구로 할까 고민하고 상의하다가 문익환 목사가 전태일기념관건립위원회 엮음으로 하자고 제안해 그렇게 정했습니다. 수사기관에서 저자 문제가 생기면 전태일기념관건립위원회 회장으로서 문익환 목사 당신이 책임을 지겠다는 뜻이었습니다.

최대한 빨리 시간을 단축해서 책을 제작하기 위해 거의 출판사에서 먹고 자고 살았습니다. 전태일평전을 제작한다는 소문이 나거나 경찰과 안기부에 정보가 들어가기라도 하면 제작 자체가 중단될 수 있었습니다.

원고를 세상의 햇빛 아래 드러내는 것이 첫 번째 목표였습니다. 그래서 원문을 바꾸기도 했습니다. 예컨대 당시 '착취'라는 용어는 공안기관에서 아예 대놓고 마르크스의 빨갱이 용어로 규정해 놓고 있었습니다. 대학 교수들도 무서워서 잘 쓰지 않았습니다. 그런데 조영래는 이런 용어를 거침없이 자유롭게 사용하고 있었습니다. 저는 착취를 '수탈'로 모두 바꾸었습니다.

1980년대 인쇄술은 지금과 같은 디지털 인쇄 방식이 아니었습니다. 납으로 만든 글자를 일일이 뽑아서(문선) 한 페이지씩 판을 만들고(조판) 교정을 본 다음 지형을 떠서 그 지형으로 인쇄기를 돌리는 방식이었습니다.

며칠 만에 지형을 뜬 다음 저는 즉각 원고를 불태워버렸습니다. 우선 먼저 든 생각이 안도감이었습니다. 그리고 또 며칠만에 책이 나오자 그야말로 제대로 된 안도감이 밀려왔습니다.

전태일평전을 출판하면서 저는 비로소 전태일 사건을 강렬하게 체험할 수 있었습니다. 원고를 읽고 교정보면서 우선 저부터 울음을 삼켜야 했습니다. 그리고 앞서 말한 것처럼 수많은 노동자들의 전화를 받으면서 전태일로 다시 태어나는 그들 노동자들과 깊은 공명을 함께 나누었습니다.

3. 이소선 어머니의 공(功)과 과(過)

전태일 평전 인세

어떤 사람이든지 공과 과가 있습니다. 성인에게도 공과가 있습니다. 세상도 사람도 늘 변하고 공과의 기준도 변할 수밖에 없기 때문입니다. 공이 과로 변해 비수를 들고 덤벼들기도 하고 과가 공으로 변해 꽃다발로 몰려오기도 합니다.

저에게도 실수와 과오가 적지 않습니다. 저로 인해 상처받은 사람들도 부지기수입니다. 저는 보지도 못하고 듣지도 못하겠지만, 박승옥이라는 이름의 몸과 마음(붓다는 이를 名色, namarupa라고 개념화했습니다.)으로 살았던 자의 궂긴 소식이 내일 아침 제 지인들에게 전해져도 놀랍지 않은 나이가 되고 보니 늘 지난날의 실수와 과오에 대해 돌아보게 됩니다.

매일 아침 일어나자마자 저는 명상을 하기 전에 참회의 3배 절을 올립니다. 나의 또다른 나인 상대방의 마음을 헤아리지 못한 저의 실수와 과오로 성냄과 욕망, 어리석은 마음이 일어났다면 부디 지금 여기 이 순간 그런 마음을 내려놓으시라고 기도드리며 절을 합니다.

이소선 어머니에게도 공과 과가 있습니다. 다소 불편한 이야기일 수 있습니다. 그러나 오늘날 전태일 재단의 현재를 만든 씨앗은 이소선 어머니의 마음에서 비롯되어 발아가 되었다고 저는 생각합니다. 이소선 어머니의 '집착'에서 비롯되어 줄기가 굵어지고 뿌리내린 결과가 전태일을 금수저 기득권자로 타락시킨 오늘의 전태일 재단 모습입니다.

이미 반노동 반전태일의 길로 완전히 돌아서서 다른 삶의 길을 가고 있는 장기표를 이소선 어머니가 굳이 재단의 초대 이사장으로 앉힌 것부터 첫 단추가 잘못 끼워진 것이었습니다.

전태일평전을 출판한 인연으로 2000년대 초반부터 저는 사단법인 전태일기념사업회의 운영위원으로 일하게 되었습니다. 민종덕 상임이사가 주축이 되어 벌이는 다양한 전태일 사업, 전태일 문학상 제정, 전태일 통신 제작 발송, 전태일 거리다리 조성 사업 등을 함께 기획하고 실행에 옮기는 데 일조를 했습니다.

그러다보니 민종덕과 함께 전태일기념사업회를 사단법인에서 재단법인으로 전환하는 실무 일도 총회의 결의에 따라 자연스럽게 맡게 되었습니다.

그 무렵의 어느날입니다. 이소선 어머니가 저를 따로 불렀습니다. 이소선은 저에게 전태일평전 인세를 전태일 동생 전태삼의 쌍둥이 딸아들, 이소선에게는 손녀손자인 아이들에게 주는 것에 대해 어떻게 생각하냐고 물었습니다.

저는 그 말을 듣자마자 단 1초의 망설임도 없이 어머니께 답했습니다. 어머니, 그건 말이 안 됩니다. 평전의 저작권은 법으로만 따지면 조영래 변호사 생전에는 조영래변호사에게, 조영래 변호사가 돌아가신 지금은 부인과 가족에게 있습니다. 그런데 조영래 변호사나 부인 이옥경씨 모두 지금까지 인세에 대해 일언반구 한 마디도 없었던 것은 평전은 어머니가 계셨기 때문에 이 세상에 나올 수 있었고 그래서 당연히 평전은 어머니의 것이며, 인세 또한 어머니의 것으로 어머니의 활동비와 생활비가 되어야 한다는 마음이었기에 그런 것입니다.

그런데 인세가 쌍둥이에게 간다면 그건 전혀 다른 소유권 문제가 발생할 수 있습니다. 어머님이 지금까지 쌓아온 노동자의 어머니로서의 이름에도 한 쪽 귀퉁이에 오물이 묻는 일이 될 수 있습니다.

제 얘기를 듣고 어머니는 그럴까요 라고 한마디 하시고는 더는 말을 이어가지 않았습니다.

사실 저는 조영래 변호사가 1970년대 도피 중에 집필한 전태일평전 원고를 어머니에게 드릴 때 정말로 지극한 마음으로 공손하게 바치는 모습을 그 자리에 함께 있었던 민종덕으로부터 여러 차례 생생하게 들어서 잘 알고 있었습니다. 강남 개발 이전 개포동의 어느 배밭이었다고 합니다. 수배자들이 만나기 좋은 장소였습니다.

생전에 조영래는 평전의 인세에 대해서는 단 한 마디도 꺼낸 적이 없습니다. 전태일평전의 임자는 당연히 어머니에게 있다고 생각했던 것입니다. 조영래의 부인 이옥경도 마찬가지였을 것입니다.

어머니 방을 나오면서 저는 아, 인세 문제뿐만 아니라 재산 문제 모두가 불거질 수 있겠구나 하는 불길한 예감이 들었습니다. 재단법인으로 전환하는 과정에서 법인 재산으로 기념관과 전태일 평전 인세가 자연스럽게 논의되고 있었기 때문입니다.

어머니는 평전 인세뿐만이 아니라 전태일이라는 이름도 전태일기념관도 당연히 '내 것', '내 소유'라는 의식을 부지불식 간에 갖고 있었습니다. 내 아들이니 어쩌면 그렇게 자연스럽고도 당연하게 소유권으로까지 확장되어 있었는지도 모릅니다.

1983년 평전 출간 이래 돌베게 출판사에서는 평전 수익의 거의 전액, 아니 그 이상을 어머니에게 드리고 있었습니다. 10%의 인세는 기본이고 임승남 사장은 명절 때뿐만 아니라 수시로 활동비 조로 어머니에게 봉투를 갖다 드렸습니다. 적지 않은 액수였습니다. 임승남 사장의 뒤를 이어 경영을 맡게 된 한철희 사장도 마찬가지였습니다.

솔직히 말하면 이소선 어머니는 유달리 돈과 재산에 집착하는 경향이 강했습니다. 평생을 지독한 가난 속에서 살았고, 1970년대 청계노조 활동을 하면서도 보따리 옷장사로 생계를 꾸리고 청계노조 활동비를 조달해야만 했던 그 경험 때문에 형성된 본능에 가까운 무의식이었는지도 모릅니다.

평화의집과 청계노조 사무실 등 최혁배가 마련해 준 전태일기념사업회의 부동산은 대부분 이소선 어머니 개인 명의로 등기가 되어 있었습니다. 당시 김금수 이사장은 기념사업회 재산이 이소선 어머니 개인 소유로 되어 있는 것은 모양도 안 좋고 소유권 문제도 발생할 수 있기 때문에 등기를 정리해야 된다고 여러 차례 얘기할 정도였습니다.

김금수 이사장은 이사장으로 취임하고 나서 열린 사단법인

첫 번째 총회 때 맨 마지막에 전태일의 친구 이승철이 기념관의 채무는 사단법인의 채무가 아니라 전태삼의 보증 채무임을 회의록에 기록으로 남겨두어야 한다고 발언하는 것을 듣고는 이게 무슨 소린가 하고 어리둥절해 했습니다.

전태삼이 사업을 하다 망했을 때 빚을 졌는데, 그 때 빚 보증으로 이소선 어머니는 자신의 명의로 되어 있던 전태일기념사업회 부동산들을 모두 근저당으로 잡혀버렸습니다. 사실 이것은 있을 수 없는 일이었습니다. 어머니는 누구하고도 상의하지 않았습니다. 민종덕도 기념사업회 임원들도 나중에야 알게 된 사실이었습니다.

전태삼이 그 빚을 갚지 않자 은행에서 전태일기념관과 노조 사무실 등 기념사업회 부동산에 대해 차압이 들어왔습니다. 그 때서야 비로서 민종덕과 임원들이 알게 된 것입니다. 그때 민종덕은 자신을 포함한 청계 사람들이 모금을 해서 돈을 마련하겠다고 하면서 어머니에게 이 빚은 기념사업회의 빚이 아니라 전태삼의 빚이기 때문에 가족들도 조금 보태야 한다고 설득했다고 합니다. 그래야 청계 사람들에게 모금하자고 말할 명분이 생길 것입니다.

그때 이소선 어머니는 민종덕에게 아주 언짢은 표정을 지으면서 우리 가족은 돈이 없다고 잘라 말했다고 합니다. 이소선은 1970년에 자신의 결단이 전태일기념사업회의 재산을 만들었고, 때문에 내 것이라는 생각이 강했던 것입니다. 결국 황만호와 송병춘 변호사가 나서서 채무자를 만나 설득하고 상의해서 합의를 봐 일단락되긴 했습니다.

사실 1980년대 들어서 어머니는 결코 빈곤한 삶을 살지 않앉습니다. 기독교 단체 목사를 비롯하여 교수, 수녀, 신부 등 민주화운동의 수많은 인사들이 어머니를 만나러 올 때 그냥 맨손으로 오는 사람은 거의 없었습니다. 거의 대부분 성금 봉투를 어머니에게 드리고 갔습니다.

제가 민주화운동기념사업회에서 일하고 있을 때입니다. 출범한 지 얼마 되지 않아 초대 이사장인 박형규 목사와 원로들의 식사 자리에 우연찮게 제가 말석으로 참석하게 되었습니다. 그 자리에서 박형규 목사가 다소 멋쩍은 듯이 말했습니다. 이사장 연봉이 1억은 되지 않지만 엄청 많은데, 한 달 봉급이 나오면 1/3은 사회운동에 종사하고 있는 종교 단체에, 1/3은 노동단체나 시민사회단체의 농성이나 집회시위 등 투쟁 현장에, 나머지 1/3은 이소선 어머니에게 보내고 있다는 것이었습니다.

저는 그때 속으로 저으기 놀랐습니다. 이사장 연봉의 1/3은 결코 적지 않은 액수였기 때문입니다. 그러고 보니 이소선 어머니에게 일회성 봉투뿐만이 아니라 매달 후원금 조로 보내는 사람들도 의외로 적지 않았습니다.

선사(禪師)이자 최고의 선시를 남긴 신흥사 주지 오현 스님도 그런 분 가운데 하나입니다. 오현 스님은 설악 무산(雪嶽霧山) 스님의 필명인데, 손이 크기로 유명했습니다. 민중불교운동의 불자들뿐만 아니라 민주화운동의 수배자 등 그에게서 거액의 봉투를 받은 사람은 수를 셀 수도 없이 많습니다.

그런 오현스님이 어머니에게도 익명으로 매달 후원금을 보냈습니다. 이소선의 표현에 의하면 "매달 많은 액수"의 돈이었습니다.(곽병찬, 「대기대용(大機大用)」, 『공동선』 2024년 9/10월호, 48쪽)

이소선 말년의 혼란과 갈등

이소선 어머니는 민종덕이 사단법인에서 재단법인으로 전환을 추진하는 것에 대해 처음에는 찬성했습니다. 기념관의 소유권과 평전 인세 등을 재단법인 소유로 이전하는 것에도 찬성했습니다. 반대할 명분이 아무 것도 없었습니다. 그러나 그건 겉으로 어쩔 수 없이 찬성한 것이었습니다.

전순옥이 재단법인 전환을 극력 반대하고 나섰습니다. 만약 재단법인이 잘못되면 국가 권력에 뺏길 수 있다는 것이 반대 이유였습니다. 어머니의 속마음을 그대로 대변한 것이었다고 생각합니다.

결국 어머니는 재단 전환을 보류하라고 민종덕에게 지시하고, 민종덕을 단칼에 상임이사 직에서 밀어내 버렸습니다.

그러나 시간이 얼마 지나자 재단법인으로의 전환을 더 이상 미룰 명분도 이유도 없다는 것이 명백해졌습니다. 결국 재단법인을 설립하지 않을 수 없게 되자 이번에는 이미 전태일과는 완전히 다른 삶의 길로 멀리 가버린 장기표를 재단 이사장 자리에 앉혀 놓았습니다.

이소선은 자신의 속마음을 몰라주는 민종덕이 야속하고 심하게 배신감까지 느꼈는지도 모릅니다. 그래서 그 반작용으로 민종덕의 대항마로 하필이면 전태일의 친구에서 전태일의 적으로 표변한 사람을 선택한 것입니다. 저는 그렇게 생각합니다.

사단법인 기념사업회에서 늘 어머니와 보이지 않게 갈등 관

이소선 어머니의 공(功)과 과(過)

계에 있던 전태일 친구들을 이사로 끌어들인 것도 같은 맥락이었습니다. 그들은 사단법인 총회 때 맨 마지막에는 전태삼의 보증 채무를 거론해 이소선의 염장을 질러놓곤 했습니다. 주로 이승철이 그런 역할을 했습니다.

1970년 전태일 분신 이후 결성된 청계피복노조의 초기 집행부였던 최종인, 임현재, 이승철 등 전태일 친구들은 청계노조의 투쟁 중심이 현장 조합원으로 옮겨가자 1976년 집행부에서 물러날 수밖에 없었습니다. 1977년 이소선 어머니의 구속과 조합 간부들의 구속, 부상 등을 틈타 임현재 등이 지부장으로 다시 복귀했지만 1981년 아프리 사건 이후에는 노동운동 일선에서 완전히 물러나 자본가의 길로 나섰습니다.

1980년대 초반 전두환 군사독재의 그 혹독한 탄압과 촘촘한 정보기관의 사찰을 뚫고 청계노조를 복구시켜 전태일 재단의 기틀을 다진 장본인들은 민종덕과 황만호 등 복구 세대였습니다. 이소선 어머니는 그런 민종덕과 복구 세대를 헌신짝처럼 내치고 버린 것입니다.

이것은 명백히 어머니의 내 아들, '내 것'에 대한 집착이 불러온 전태일 재단 변질의 화근이었다고 저는 생각합니다. 아니 정확히 말하면 변질이 아닙니다. 민주노동운동을 공격하는 장기표가 등장하면서 전태일 재단은 처음부터 전태일을 배반하는 반전태일-반노동 단체로 출발했습니다.

재단 정관에까지 못박은 괴이한 이사 선임 규정을 통해 전태일 가족, 즉 전순옥을 이사로 들인 것도 마찬가지입니다. 청계노조 복구 투쟁 현장에 있지도 않았고 대부분 사장님 출신들인 전태일 친구들이 이사로 들어간 것도 역시 마찬가지입니다.

이소선 어머니의 마음 속에서는 개인 차원의 욕망과 사회 차원의 대의명분 사이에서 극심한 갈등과 혼란이 있었다고 저는 생각합니다. 모든 것을 솔직하게 털어놓고 상의해왔던 민종덕이 오히려 어머니의 욕망과 집착을 공격하는 것처럼 받아들였을 때부터 어머니는 헷갈리기 시작했고, 판단 착오와 함께 본능에서부터 방어 자세를 취했던 게 아닌가 싶습니다.

박근혜의 전태일 방문 시도 사건, 민종덕이 출판한 이소선 평전『노동자의 어머니』북 콘서트 개최 방해 등에 이어 최혁배 묘지 안장식 폭력 방해까지 전태일을 고문하고 시체를 박제화하는 행위들의 뿌리에는 이소선 어머니의 말년의 과오가 자리잡고 있습니다.

저는 고인의 기념사업은 가능한 고인의 가족은 배제되어야 한다고 생각합니다. 재산과 명예 등 고인과 관계된 유형 무형의 그 모든 소유권 문제가 발생할 수 있기 때문입니다.

물론 가족 주도로 기념사업이 의미있게 이루어지는 경우도 많습니다. 수많은 문인, 정치인, 사회활동가들의 기념관이 가족 주도로 고인의 생전 주택이나 사설 건물에 따로 방을 마련해서 고인의 각종 육필 원고와 기록물, 유물과 유품 등을 전시하고 있는 경우가 이에 해당합니다.

2012년 8월, 박근혜 후보 전태일 재단 방문 사건은 그야말로 일부러 사냥하듯 괴이한 일만 골라서 찾아다니며 일을 일으키는 장기표와 전태일재단 엽기(獵奇) 행각의 '끝판왕'이었습

이소선 어머니의 공(功)과 과(過)

니다. 장기표와 이수호, 최종인, 임현재, 이승철, 김영문, 박계현 등은 사전에 모임을 갖고 박근혜가 전태일 재단을 방문하면 정중히 맞이하자고 결정했다고 합니다. 그것도 이소선 추모 토론회를 마치고 모인 자리였습니다.

전태일의 대학생 친구였고 박정희 타도의 맨 앞에 있었던 장기표가 이제는 박정희 부활의 맨 앞에 선 것입니다. 그것도 전태일과 이소선을 기념하는 전태일재단 이사장의 완장을 차고 말입니다. 거기에 민주노총 위원장까지 지낸 이수호도 있었고, 전태일 친구들도 함께 있었습니다.

박근혜로서는 전태일 재단으로 들어가다 가로막혀 서 있는 사진, 전태일 동상에 헌화하는 사진은 그야말로 더할 나위 없는 최상의 선거 홍보 사진이었을 것입니다. 박근혜의 이른바 '경제민주화'와 '광폭행보'를 강렬하게 사람들의 뇌리에 각인시키는, 이보다 더 좋은 선거 퍼포먼스는 없었습니다. 백만불짜리 홍보 메시지였습니다. 저는 솔직히 이같은 공적으로 박근혜 정권이 출범하면 장기표가 제법 그럴 듯한 자리 하나는 꿰찰 줄 알았습니다.

민종덕이 이소선 어머니 평전을 오마이뉴스에 연재하고 책으로 출판했을 때 보인 전태일 재단 행태를 보면 참으로 어이가 없습니다. 오마이뉴스에 공문을 보내 연재 중단을 요청하질 않나, 출판 이후에는 지역 시민사회단체들의 저자 초청 북 콘서트 개최를 방해하지 않나 기이한 행위들이 한 둘이 아닙니다.

전태일 재단 이사장이던 이수호는 명색이 시인입니다. 그런데 저는 그가 작가로서의 자격이 있는지조차 의심스럽습니다. 이소선 평전이 출판되자 여기저기서 민종덕에게 북 콘서트 요청을 해왔다고 합니다. 그런데 그럴 때마다 전태일 재단은 민종덕을 초청한 단체에 전화를 걸어 민종덕의『이소선 평전』은 전태일 재단의 공식 평전이 아니기 때문에 북 콘서트를 개최하지 말라고 했다는 것입니다.

노벨문학상을 받은 한강을 블랙리스트 작가로 분류하고 한강의 소설들을 판매 금지시킨 박근혜 정권 당시 정치인들과 관리들과 하나도 다를 바 없습니다. 이들은 지금도 여전히 윤석열 정권에서 떵떵거리며 잘 살고 있습니다.

붓다도 예수도 노자도 늘 깨어있으면서 마음을 비우라고 가르쳤습니다.

이소선 어머니는 말년에 이런 '마음 비우기'에 미흡했다는 것이 제 생각입니다.

물론 그럼에도 여전히 저는 이소선 어머니를 존경하고 배우면서 살고 있습니다. 여전히 전태일과 이소선 어머니의 그 자비행을 저도 실천에 옮기려고 매일매일 애쓰고 있습니다. 그만큼 이소선의 공은 과에 비해 태산같이 높고 넓습니다.

이소선 어머니와 민종덕

재단법인으로의 전환 과정에서 민종덕을 내치는 어머니의 행위를 저는 옆에서 지켜만 볼 수밖에 없었습니다.

민종덕은 이소선을 평생 동안 온몸과 마음을 다해 지극정성으로 어머니로 모셨습니다. 민종덕을 낳은 것은 핏줄의 어머니

였지만, 사회운동 속에서의 노동운동가, 민주화운동가 민종덕을 낳은 것은 이소선 어머니였습니다. 이소선 어머니도 민종덕을 늘 아들처럼 여기고 의지했습니다.

목숨을 걸고 청계노조를 지키고 복구하고 살려내고, 전태일과 이소선 어머니와 청계노조를 민주노동운동의 근원지로 만든 '전태일들'은 민종덕과 복구 세대 청계 노동자들이었습니다. 민종덕은 1977년 어머니가 구속되자 어머니 석방과 노동교실 반환 등을 요구하는 9.9 노동교실 농성투쟁 당시 죽음을 작정하고 3층에서 투신하기까지 했습니다. 척추가 부러지긴 했지만 간신히 목숨을 건질 수 있었습니다.

전두환 군사독재의 폭압을 뚫고 나와 1987년 노동자 대투쟁의 물꼬를 튼 것도 이들입니다. 목발을 짚고 앞장서는 황만호의 모습을 보면서 저는 부끄러웠던 적이 한두번이 아닙니다.

이소선 어머니를 청계의 어머니에서 전국 노동자의 어머니로, 나아가 전세계 노동자의 어머니로 만든 장본인 또한 민종덕과 청계 노동자들입니다.

저는 이소선 어머니가 사단법인의 어떤 절차나 논의도 없이 말 한마디로 민종덕을 기념사업회 상임이사 직에서 물러나게 하는 행위에 대해 충분히 있을 수 있는 일이라고 이해는 합니다. 어머니의 전태일 투쟁은 그 자체가 살아있는 상징이고 법일 수 있다고 이해는 합니다. 왜냐하면 그 이전까지 어머니의 말이나 행동에 사심이라고는 눈꼽만치도 없었기 때문입니다.

그러나 전태삼의 빚보증으로 기념관을 담보로 잡힌 것은 사심입니다. 전순옥의 말을 듣고 재단법인을 보류시키는 행위 또

한 사심입니다. 쌍둥이 손녀손주에게 전태일평전 인세를 상속
시켜주려고 생각하는 그 자체가 사심이고 집착입니다.

　민종덕이 전태일기념사업회를 스스로 그만두고 물러나 방황
하는 것을 옆에서 지켜본 저는 그가 받은 충격의 강도를 너무
나 잘 압니다. 이소선 어머니로부터 버림받고 어머니를 비판할
수도 없고, 이러지도 저러지도 못하는 마음의 고뇌와 갈등을
충분히 이해하고 또 공감했습니다.
　물론 저는 뒤도 한 번 돌아보지 않고 그 때 그 당시의 이소
선 어머니와 기념사업회, 전태일 재단을 제 마음에서 지웠습니
다.
　민종덕이 얼마나 처참하게 무너졌고 마음에 깊은 상처를 갖
게 되었는지 아마 청계노조 복구 세대 조합원들과 민주노동운
동을 했던 많은 지인들조차 잘 모를 것입니다. 저는 민종덕과
함께 숱하게 같이 산행을 다녔고 안나푸르나에도 함께 갔습니
다. 그때 민종덕의 마음은 죽어있는 시체의 마음이나 진배없었
습니다.

　저는 민종덕에게 이제 전태일 재단 일은 관심도 갖지 말고
마음을 내려 놓으라고 매번 잔소리 하듯이 권했습니다. 니가
할 수 있는 전태일 행동을 하면 된다, 전태일도 맨 밑바닥으로
추락해서 결국은 평화시장의 어린 동심 곁으로 가지 않았느냐
고 하나마나 한 공자님 말씀을 읊조리면서 말입니다.
　구례에서 민종덕과 함께 임야를 구입했던 허명구도 늘 저와
같은 소리를 했습니다. 그는 말기암 진단을 받고 앞으로 6개
월밖에 살지 못한다는 의사의 말에 일체의 치료를 거부한 채

동시에 일체의 마음, 죽음까지도 내려놓았다고 경험담을 얘기해주었습니다. 그리고는 어차피 죽을 목숨, 가보고 싶은 곳이나 마음껏 다녀보자고 여기저기 다니기 시작했다고 합니다. 그렇게 여기저기 다닌 것이 어언 10년이 넘고 암 세포는 언제 사라졌는지도 모르게 말짱 사라졌다는 것입니다.

민종덕은 나와 허명구의 말에 늘 그래야지 하고 수긍했습니다. 말은 그렇게 하지만 그렇게 마음을 내려놓지 못하리라는 것을 저도 허명구도 알고 있었습니다. 그만큼 전태일과 이소선 어머니는 민종덕의 평생의 삶 그 자체였습니다.

이소선 어머니 평전을 쓰기 시작하면서 비로소 민종덕의 심장은 다시 살아나 뛰는 것처럼 보였습니다. 구례에서 아이쿱 생협 노조 문제로 활동하는 민종덕의 모습에서 저는 살아있는 민종덕, 살아있는 전태일을 비로소 다시 볼 수 있었습니다.

최혁배와 함께 독일 테오 돔 선생 장례식에 참석하고, 고 최혁배 안장식을 치르기 위해 동부서주하는 모습에서 이제는 전태일 재단에 대해 애증을 내려놓은 민종덕의 마음을 엿볼 수 있었습니다.

민종덕과 복구세대 청계 조합원들이 2024년 7월 20일 발표한 「청계를 떠나는 80, 90년대 복구세대의 입장-회한과 안타까움에 슬픔을 묻고 청계를 떠납니다-청계를 떠나면서」를 읽으면서 저는 민종덕과 복구세대 청계 조합원들의 모든 것을 내려놓은 하심(下心)을 읽을 수 있었습니다.

"전태일 있는 전태일 재단을 간구하며 전태일 재단의 발전을 기원합니다."라는 마지막 말에서 성장하고 성숙한 전태일들의 넓은 마음을 볼 수 있었습니다.

지금은 모두 오육십대 장년과 노년이 되었겠지만, 1980년대 청춘남녀였던 그들의 꽃다운 얼굴들이 하나하나 다 떠오릅니다.

부디 하루하루 매일이 전국 어디에나 있는 평화시장의 어린 동심 곁으로 돌아가는 나날이기를! 부디 지금 여기 이 순간 늘 기적같은 전태일의 삶이기를!

탐욕인가 자비행인가

1988년 11월 12일 저녁 8시, 연세대 노천극장에 5만여 명의 노동자들이 전국 각지에서 모여들었습니다. 11월 13일 '전태일열사정신계승 노동악법 개정 전국노동자대회'를 앞둔 전야제 자리였습니다. 실로 감격스럽고도 장관이었던 장면이었습니다.

여기서 제1회 전태일노동상 시상식이 있었습니다. 1회 수상자는 1987년 노동자대투쟁의 주역 가운데 하나인 울산 현대 그룹의 현대엔진 노동조합 위원장 권용목이었습니다.

이 때 이소선 어머니가 전태일 노동상을 주기 위해 연단에 올라 마이크를 잡고 한 연설을 저는 두고두고 잊을 수가 없습니다. 이소선 어머니의 그 모든 세월을 녹여낸 절절한 깨달음의 말씀이었습니다. 전태일이 어머니의 몸과 마음으로 육화해서 그 자신의 육성으로 활화산처럼 토해낸 가르침이었습니다.

이소선 어머니의 공(功)과 과(過)

여러분! 여러분이 전태일입니다.

내 아들 전태일이라고 특별한 사람이 아닙니다. 여러분이 전태일, 전태일 하고 외치니까 전태일입니다.

여러분이 없다면 무슨 전태일이 있겠습니까? 자신의 권리를 찾고 모든 노동자들이 인간답게 살게 하기 위해 외치는 사람 모두가 전태일입니다.

- 민종덕, 『노동자의 어머니 이소선 평전』, 545쪽, 돌베개, 2016.

저는 글을 쓰고 있는 지금 이 순간까지도 이소선 어머니의 이 말씀을 가슴에 새겨두고 있습니다.

저는 제 견해가 무조건 옳다고 말하는 것이 아닙니다. 다른 사람들의 주장을 그르다고 시비를 걸고 지적하고 싶은 생각 또한 추호도 없습니다. 다만 전태일 재단과 재단을 이끌어온 장기표, 전순옥, 이수호, 한석호, 임현재 등 이른바 전태일 친구들의 행위에 대해 저의 견해를 소상하게 밝히는 것뿐입니다.

이 세상 어떤 사람들의 개인 행동과 집단행동, 이로 인한 사건도 옳고 그름을 판별하기란 쉽지 않습니다. 옳고 그름의 기준이 저마다 다르기 때문입니다. 장기표와 전순옥, 이수호, 한석호, 임현재 등은 박근혜 후보를 전태일 재단으로 초청한 자신들의 행위에 대해 옳다고 주장할 것입니다. 그에 대해서는 저는 일언반구 가타부타 시비를 따지고 싶은 생각조차 없습니다.

이들 또한 인간이라면 누구나 갖고 있는 삶의 고통을 짊어지고 있을 것입니다. 동시에 기적같은 이 세상의 아름다움을 느끼고 누리고 있을 것입니다.

문제는 어떤 견해와 행동이 유발하는 결과에 대한 평가입니다.

전태일 재단의 행위에 대한 제 견해와 평가는 이소선 어머니가 사자후를 토한 여러분이 전태일이라는 그 말이 기준입니다. 전태일의 자비심과 연민이 기준입니다.

제가 이 글을 쓰는 까닭 또한 전태일과 이소선 어머니의 일생에 걸친 자비심과 연민 때문입니다. 1970년 전태일 사건을 만나 삶을 송두리째 바꾼 최혁배를 비롯한 수많은 전태일들이 실천해 온 공동선의 행동 때문입니다. 사람들의 세치 혀로 만든 허구의 말이 아니라 온몸과 마음을 다한 삶과 행위가 전태일의 자비행인가 아니면 개인의 탐욕에서 비롯된 것인가 그것이 잣대입니다.

저는 묻습니다. 박근혜를 정중하게 맞이하는 것이 전태일과 이소선 어머니의 자비행인가? 고 최혁배 묘지 안장식을 폭력으로 저지하는 행위가 전태일과 이소선 어머니의 연민에서 비롯된 것인가? 조선일보와의 공동기획은? 전순옥이 전태일의 가족이라는 후광으로 국회의원까지 되어 노동자를 위해 도대체 무슨 일을 했는가? 질문은 끝도 없이 이어지고 계속됩니다.

우리 사회의 맨 밑바닥에서 상처받고 억압받는 인민들의 마음 속으로 들어가 자신이 가지고 있는 모든 지식과 지혜, 재산과 시간을 그들과 함께 나누는 것이 자비행입니다. 민중들에게 월급이나 돈 몇 푼 더 던져주는 자선을 베푸는 것이 아니라

이소선 어머니의 공(功)과 과(過)

그들 스스로 우애와 환대의 이웃공동체를 살려내는 일에 주체로서 당당히 나서게끔 하는 것이 전태일과 이소선 어머니의 자비행입니다. 예수의 제자로 사는 행동, 붓다의 보살로 사는 행동입니다.

전태일로 사는 것, 그것이 전태일의 벗이자 '나의 나'인 전태일들이 해야 할 행위이자 삶이라고 저는 생각합니다.

결코 어려운 일이 아닙니다. 수많은 사람들이 지금 여기 이 순간 남모르게 실천하고 있는 삶입니다. 비정규직으로 지하 단칸방에 살면서도 시간을 쪼개 노인요양시설에 가서 봉사하는 노동자들이 숱하게 많습니다. 차상위 계층의 고단한 삶을 살면서도 서로 모여 아픔을 위로해주고 의식주를 서로 공유하면서 서로돌봄을 실천하는 수많은 지역의 작은 공동체들이 있습니다. 그들의 삶이 자비행의 삶이고 연민의 삶입니다.

전태일 재단과 장기표, 전순옥, 이수호, 한석호, 임현재 등에게서 저는 그 어떠한 자비심과 연민도 찾아볼 수가 없었습니다. 이들이 전태일과 이소선 어머니의 삶이 자비행의 삶이었다는 사실을 알고나 있는지조차 모르겠습니다.

제 결론은 간단합니다.
전태일 재단은 반전태일 행위를 저지르고도 이를 알아채지 못하는, 탐욕에 눈이 멀어 전태일의 얼과 넋을 죽여버린 단체입니다.

부디 전태일 재단이 '전태일 사건'을 지금 여기 오늘의 시점에서 다시 체험하고, 회심을 일으켜 수많은 전태일들과 함께 하는 재단이 되기를 진심으로 바랄 따름입니다.

전태일이 "굴리다 다 못굴린 덩이를" 굴려야 합니다

지금까지 제가 전태일 재단에 대해 사용한 언어들은 주로 부정의 언어들입니다.

불편합니다. 글을 쓰는 저나 읽는 분들이나 속이 편하지 않습니다.

어떤 단체나 그 단체에서 일하는 사람에 대해 지적하고 비판하는 언어들은 아무리 자비심의 언어를 사용하려고 노력한다 해도 돌부리에 걸려 넘어지고 살갗이 벗겨져 피가 나고 따끔거리는 그런 느낌을 줄 뿐입니다. 어느 화창한 가을날 맨발로 숲길을 걸을 때의 그 환하고 유쾌하고 생생하게 살아있는 느낌이 아닙니다.

죄송합니다. 널리 용서를 구합니다.

부득이 언어의 활시위를 당겨 화살을 쏘지 않을 수 없는 이런 사태와 현실이 저도 안타깝습니다. 제 마음이 제 마음에 대해 꾸짖으면서 동시에 위로를 건네는 이 상황이 저도 못내 괴롭습니다.

저는 이 시간 이후로 민종덕과 복구 세대 청계 사람들과 함께, 뜻을 같이 하는 수많은 전태일들과 함께 '뒷것'들의 전태일 행동을 실천에 옮기려고 합니다.

이제부터는 부정의 언어 화살통을 버리고, 긍정과 연민의 언

이소선 어머니의 공(功)과 과(過)

어 구급약 가방을 들고 드넓은 광장으로 나아가고자 합니다.

전태일이 "나의 나인 그대에게 맡긴 채, 힘에 겨워 힘에 겨워 굴리다 다 못 굴린. 그리고 또 굴려야 할 덩이를" 굴리고자 합니다.

온몸과 마음으로 할 수 있는 데까지 최선을 다해 쇠똥구리처럼 전태일의 덩이를 굴릴 것입니다.

수많은 전태일들이 새로운 전태일 사건, 새로운 전태일 행동을 할 수 있도록 든든한 뒷배` 역할을 다하려고 합니다.

지금 여기 전태일 운동 함께하기

전태일은 '나의 또다른 나'들과 함께 일하는 사람들이 사람답게 살아야 한다고 외치며 자신의 몸을 불살랐습니다. 그러나 전태일은 결코 오직 노동자만의 인간다운 삶을 말한 게 아닙니다. 전태일이 말한 '나의 나'는 온몸과 마음을 굴리고 굴리면서 이 세상을 살아가는 살아있는 모든 생명체였습니다.

비정규직 노동자이건 대기업 노동자이건, 농부이건, 김밥집 사장이건, 경영자이건, 학생이건, 교사나 교수이건, 변호사이건, 공무원이건 전태일은 '나를 아는 모든 나'에게 자신의 육신과 마음을 다 바쳤습니다.

전태일 사건은 수많은 사람들의 마음에 불꽃을 일으켰습니다.

남녀노소 수많은 사람들이 벼락같은 충격으로 눈을 다시 크게 뜨지 않을 수 없었습니다. '나'부터 인간다운 삶을 제대로 살기 위해 스스로 삶의 주인 주체가 되는 성찰과 각성의 불길을 부여잡지 않을 수 없었습니다.

그리고 온몸과 마음을 다해 전태일의 삶을 살고자 노력했습니다.

희생의 삶이 아니라 내 몸과 마음이 할 수 있는 한도 내에서 자비와 연민의 마음으로 이웃과 더불어 우애와 환대의 공동체 삶을 살고자 했습니다.

21세기인 오늘, 기후지옥과 극단의 불평등, 초지능의 등장이 바로 눈 앞에 다가와 있습니다. 미래가 사라질 수도 있습니다. 세상의 거대한 격변이 바로 우리 집 문턱을 넘어 들이닥치고 있습니다.

타이타닉 침몰 5분 전과도 같은 현실입니다.

강한 위기의식으로 눈을 크게 뜨고, 우리는 지금 여기 이 순간의 전태일로 다시 일어서고자 합니다. 생명으로 깨어나 다시 내 마음과 사람들의 마음 속으로 들어가고자 합니다.

우리는 전태일 사건을 일으키고, '전태일 운동'을 하고자 합니다.

불평등이 극에 달한 이 세상에서 뒷것들끼리 모이고 힘을 합해 연대하고 연합하는 전태일 운동을 새롭게 시작하고자 합니다.

앞만 보고 달리던 시선을 옆과 뒤로 돌리겠습니다.
바닥을 내려다보고 다시 신발끈을 고쳐 매겠습니다.

이웃과 다시 얼굴을 맞대고, 손을 맞잡고, 인간관계를 회복시키는 공생과 공유의 이웃공동체 운동으로 천천히 그러나 끈질기고도 과감하게 그리고 여럿이 함께 발을 내딛겠습니다.

그 길만이 기후지옥과 불평등, 초지능의 세상에서 생존할 수 있는 거의 유일한 구명보트입니다.

우리는 모두 시군구 지역에서 살고 있습니다. 우리는 이같은 맨 밑바닥 지역에서부터 부자와 가난한 자를 가리지 않고 서로 돕고 서로 의지하고 서로 돌보는 유무상자(有無相資)의 가장 강력한 사회안전망을 구축하고자 합니다.

전태일 운동은 국가와 기업이 앞장서 해체시키고 조각내고 소멸시키고 있는 나와 우리들의 삶을 다시 재연결하고 통합하는 일에서부터 시작합니다. 고립되고 파편화되고 무기력한 개인을 벗어나 이웃민주주의를 실천하고, 우리들의 생명으로 다시 깨어나 내 삶과 세상을 바꾸는 일에서부터 출발합니다.

우리는 내 몸의 가장 밑바닥인 발과 지구별 행성의 가장 높은 표면의 땅을 마주쳐 지역을 걷는 사람들입니다.

지역의 땅과 숲을 모시고 살리고 가꾸며 이 땅에서 삶을 살아가야만 하는 깨어있는 지역 주민, 주권자들입니다.

전태일은 오랜 고뇌와 망설임 끝에 평화시장의 어린 동심 곁으로 돌아갔습니다. 이제 우리는 21세기 지금 여기에서 다시 생명으로 깨어나 21세기의 평화시장, 지역으로 돌아가겠습니다.

내 삶의 전부인 나의 나인 이웃과 함께 이웃 민주주의 공동체를 다시 소생시키겠습니다.

그러기 위해 먼저 우리가 처한 현실을 직시하겠습니다.

깜깜한 어둠 속에서 우리 모두가 탑승해 있는 지구별 생태계에 소리없이 돌진해 밀려오고 있는 거대한 빙하와 거대한 쓰나미를 적외선 카메라를 비롯한 온간 장비들을 동원해 살펴보겠습니다.

4. 우리는 지금 기후지옥으로
추락하고 있는 중입니다

새로운 세상이 너무 빨리 문을 열고 들어오고 있습니다

2024년 오늘, 노동자들을 포함한 인간의 삶과 세상은 급변하고 있습니다. 변화의 속도가 너무 빨라 무엇이 왜 어떻게 변하고 있는지 알아차리는 것조차 힘듭니다.

대부분의 사람들이 예상하고 상상하는 속도를 그야말로 빛의 속도로 뛰어넘어 인공지능(AI)의 특이점은 이미 우리 코 앞에 다가와 있습니다. 특이점이란 인공지능이 인간 수준의 지능 (AGI, 인공일반지능)을 갖고 곧바로 스스로 지능폭발을 일으켜 인류 전체의 지능 총합을 넘어서는 시점을 말합니다. 즉 초지능(ASI)의 출현입니다.

초지능의 등장을 앞두고 이미 벌써 노동의 개념과 노동자의 규정조차 급격하게 변하고 있습니다. 조만간 자본가와 노동자의 개념 자체도 다른 개념으로 대체될지도 모릅니다.

이 세상은 늘 바뀝니다. 그러나 지금의 변화는 인류 문명의 발생 이래 지속되어 온 변화와는 근본에서부터 다른 초초급변 사태입니다.

초지능의 등장과 함께 인간 삶을 가장 강력하게 뒤흔들어

놓을 또하나의 급변 사태가 다름아닌 인간 세상의 기후지옥으로의 추락입니다.

우선 먼저 기후지옥에 대해서는 매일같이 쏟아지는 뉴스와 정보를 통해 거의 모든 사람들이 잘 알고 있기에 간단히 몇 가지만 사실을 환기하고 넘어가겠습니다.

기후지옥이 선보이는 낯선 신세계

올해 여름을 겪은 한국인들에게 '기후지옥'이란 말은 이제 낯설지 않을 것입니다.

기후지옥이란 용어는 구테흐스 유엔 사무총장이 공식석상에서 사용한 말입니다. 2022년 11월 7일 이집트에서 열린 제27차 유엔기후변화협약 당사국총회(COP27) 고위급 회의(정상회의) 개막 연설에서였습니다. 구테흐스는 인류가 기후지옥행 고속열차의 가속페달을 밟고 집단자살을 향해 가고 있다고 폭탄 발언을 쏟아냈습니다.

2019년 영국의 가디언 지가 기후변화를 '기후위기', '지구가 열화'라고 바꿔쓰기 시작한 지 3년 만에 훨씬 더 쎈 극한 용어가 등장한 것입니다.

이제 지구별 행성의 기후지옥으로의 추락은 돌이킬 수가 없습니다. 이미 떨어지고 있는 중입니다. 여기서 일일이 더 암울한 기후 묵시록을 설명하지는 않겠습니다. 다만 창백하고 푸른 지구별 행성의 여섯 번째 대멸종 사태는 인류세라고 이름붙은 시공간 지층에 기록될 것이라는 사실만 지적하고 싶습니다. 대멸종 사태에 아마도 호모 사피엔스가 포함될 수 있을지도 모르겠습니다.

1980년대 들어 비로소 미국과 유럽에서부터 시작해 전세계 인민들에게 알려지기 시작한 기후변화는 이전과는 전혀 다른 세상을 예고하고 있습니다.

이 낯선 세상은 인류가 지구상에 출현한 이래 경험했던 세상의 모습과는 완전히 차원이 다른, 사람의 상상을 초월한 세상입니다. 기후변화의 속도가 생명체가 진화할 수 있는 적응과 변이의 시간을 허용하지 않을 정도로 너무나 초고속이기 때문입니다. 그야말로 장기비상시대[9]가 될 것입니다.

생각해 보십시오. 일본에 지금까지 경험하지 못했던 초초대형 태풍이 연속해서 몇 개나 몰아닥쳐 일본열도 전체가 핵폭탄 수백발이 터진 것처럼 그야말로 초토화가 되었다고 가정해봅시다. 여기에 진도 9 이상의 초대형 쓰나미가, 그것도 하나가 아니고 여러 개가 한꺼번에 들이닥쳤다고 칩시다. 지진까지 겹쳐 헛소리라고 대수롭지 않게 생각했던 일본열도 침몰이 해안선 일부에서라도 현실화되었다고 합시다.

한국과 중국이 과연 일본 난민들을 맞아들일 수 있을까요? 거꾸로 한반도에 이런 일이 일어난다면 일본과 중국이 한국과 북한의 난민들을 받아들일 수 있을까요?

근대 국민국가 체제에서 기후난민은 이제 갈 곳이 없습니다.

---

9   제임스 하워드 쿤슬러, 이한중 옮김,『장기비상시대』갈라파고스, 2011.

IPCC(기후변화에 관한 정부간 협의체)가 2018년 한국의 송도에서 1.5도 특별보고서를 채택한 지 벌써 6년이 지났습니다. 18세기 중반부터 본격화된 산업화 이전보다 지구 평균기온을 1.5도 상승 선에서 멈추게 할 수 있도록 전세계 국가가 온실가스를 거의 혁명 수준인 절반 정도로 감축해야 한다는 절박하고도 강력한 권고였습니다.

하지만 코로나 팬데믹으로 전세계 국가간 통행과 교류가 중단되고 사람들도 거의 집 안에만 갇혀 지낸 2020년을 제외하고 온실가스 배출은 해마다 더 가파르게 상승하기만 했습니다. 1.5도 상승은 이제 머지 않았습니다. 당장 2025년에 도달할지도 모릅니다. 기후과학자들 사이에서는 2도 상승도 막을 수 없다는 절망감이 팽배해 있습니다.

1992년 브라질의 리우 기후정상회의에 참석한 185개국 정부 대표단은 역사상 처음으로 기후변화에 관한 유엔 기본협약(UNFCCC)을 맺었습니다. 김대중 대통령도 참석했습니다.

1958년 3월 하와이 마우나로아 관측소가 문을 열고 세계 최초로 측정한 이산화탄소 농도는 313ppm이었습니다. 리우회의가 열린 1992년의 대기 중 이산화탄소 농도 평균은 357ppm이었습니다.

산업화 이전 지구 평균 이산화탄소 농도는 대략 280ppm으로 추정합니다. 마우나로아 관측소가 발표한 2024년 9월의 평균 이산화탄소 측정값은 422.03 ppm(2023년 9월 418.51 ppm)입니다.[10]

---

10 www.esrl.noaa.gov.

오늘날 기후위기를 부정하는 사람은 미친 사람 취급받습니다. 트럼프가 대표 주자입니다.

유럽의 숲이 갈색으로 죽어가고 있습니다.

북극과 남극, 히말라야 등의 빙하가 급속하게 녹아가고 있고, 시베리아 툰드라의 영구동토층도 녹고 있습니다. 이로 말미암아 온실효과가 이산화탄소보다 20배 이상 높은 메탄가스가 대기 중으로 분출되고 있습니다.

거의 모든 지역에서 이전에는 경험하지 못한 산불과 폭염, 태풍과 폭우 등 기후재난이 일상이 되어 가고 있습니다.

바다의 온도가 올라가면서 바다 속은 산호초와 물고기, 조류 등이 죽거나 사라진 바다 사막으로 변하고 있습니다. 이미 제주도 연근해의 1/3이 급속하게 그같은 바다 사막으로 변했습니다.

약 3세기 전 영국에서 뿌리내려 확산되기 시작한 자본주의는 내연기관의 발명으로 본격화된 산업혁명과 결합해 인류의 생활 방식을 그 이전까지와는 백팔십도 다르게 완전히 바꾸어 놓았습니다.

산업화의 원동력은 석탄, 석유, 가스 등 땅 속에 묻혀 있던 화석연료였습니다. 화석연료를 불태워 그 에너지로 기계를 돌리고 배와 기차, 자동차와 비행기를 움직였습니다. 화석연료에서 화학염료와 화학섬유, 플라스틱 등 수많은 탄소 사슬의 화학물질을 추출해 내 대량생산 대량소비의 새로운 상품 시장경제를 만들어 냈습니다.

몇몇 자본주의 선발국에 국한돼 있던 대량생산 대량소비 체제가 전지구로 확산돼 지구 생태계가 감당할 수 없을 정도로 급격하게 온실가스가 배출되기 시작한 것은 2차 세계대전 이후인 1950년대부터입니다.

땅 속에 잠들어 있던 어마어마한 양의 이산화탄소를 산업혁명 이후 2세기 넘게 단기간에 깨워 공기 중으로 퍼뜨린 결과는 가혹하기 이를 데 없습니다. 온실가스로 인해 기후지옥 문이 활짝 열리고 만 것입니다.

지금도 진행되고 있는 중동지역과 북아프리카 주민들의 유럽으로의 대량 탈출, 이를 막는 국가들과 이로 인한 유럽 전역의 극우 정치세력 성장은 중동과 북아프리카 국가의 내전과 전쟁 등이 주요 요인이긴 합니다. 그러나 그 기저에는 기후변화로 인한 극심한 가뭄과 식량 부족 등 기후재난이 도사리고 있습니다.

한국에는 아직 그렇게 1백만원을 주고도 10kg 쌀 한 봉지를 살 수 없는 아비규환의 기후재난과 식량부족 사태가 몰아닥치지는 않았습니다. 그러나 기후지옥의 집달리가 도착하지 않았을 뿐 차압 딱지는 이미 우리나라에도 발행되어 있다는 사실을 확실하게 인식할 필요가 있습니다. 기후지옥은 집달리가 눈에 보이지 않는다고 해서 안도하고 있을 그런 성질의 것이 전혀 아닙니다.

인간의 풍요를 향한 탐욕, 산업화의 개발과 성장을 원인으로 기후가 변하고 말았습니다. 기후지옥을 원인으로 그 결과 식량위기, 살벌한 식량전쟁은 필연입니다. 인류가 공동으로 집단 자살을 향한 고속열차의 가속 페달을 밟고 있다는 구테흐스의 말은 사실 이미 너무 늦은 지적입니다.

구소련도 농업 전문가인 젊은 고르바초프를 서기장으로 발탁하는 비상대책을 꺼내 들었지만 식량부족 사태 때문에 결국 국가 자체가 소멸되고 말았습니다.

상황이 이와 같음에도 기후지옥에 대한 한국 노동자들과 노동조합의 대응은 거의 없는 것처럼 보입니다. 일부에서 정의로운 전환이라는 구호를 내세우고 있긴 합니다. 하지만 구호와 선언을 넘어선 기후행동과 실천은 잘 보이지 않습니다.

5. 초지능 등장이 코 앞에 와 있습니다

새로운 종교, '돈(자본) 신'교와 전쟁

과학기술 발달과 함께 자본주의가 전지구를 대부분 지배하고 있는 오늘날 전통 종교 인구는 급격하게 줄고 있습니다. 농업과 유목사회였던 축의 시대(Axial Age)[11]에 생겨난 전통 종교는 그럴 것입니다.

그러나 산업화와 개발-성장 시대 새로운 절대종교는 오히려 폭발하듯이 확산돼 가고 있습니다. 전세계 80억 인구 가운데 절대 다수가 새로운 절대종교 유일신 신도들이라고 해도 지나친 말이 아닙니다. 교회나 절을 나가는 전통 종교인도 사실은 이 새로운 유일신을 섬깁니다. 다름아닌 '자본 신' '돈 신'입니다. '쩐'(錢)이 최고의 신인 이 종교의 이데올로기는 '무한성장주의'와 '과학기술 만능주의'입니다.

자본주의에서 물신화된 자본은 노동자들뿐만 아니라 자본가들도 지배합니다. '법으로 만든 인격체'인 법인을 통해 자본은 사회도 국가도 지배합니다. 생명체인 노동자와 자본가와 달리 자본은 법인이 망하지 않는 한 수명도 무한인 상상의 괴물들입

---

11 카렌 암스트롱, 정영묵 옮김,『축의 시대』, 교양인, `2020. 기원전 9세기에서 기원전 2세기까지 중국의 유교와 도교, 인도의 힌두교와 불교, 이스라엘의 유일신교, 그리스의 소피스트 철학 등 인류의 스승들과 종교, 철학 등이 탄생한 시기를 칼 야스퍼스는 '축의 시대'라고 명명했습니다.

니다. 오직 더많은 이윤을 남기기 위해 자본은 끊임없이 새로운 상품을 만들어 팔아야 하고 새로운 상품 판매 시장을 만들어야 합니다. 영구동력 기계처럼 자본은 무한 축적과 무한 성장을 반복해야만 합니다.

자본의 무한 성장을 충족시켜야만 하는 백인들의 유럽 자본주의는 새로운 상품 시장을 확보하기 위해 아메리카와 아프리카, 아시아 등 전세계를 식민지로 만들었습니다.
잘 알려져 있다시피 식민지 침략은 피의 제노사이드 살육 전쟁이었습니다. 영국인들은 오스트레일리아의 태즈메이니아 원주민을 짐승보다 못한 동물 취급하면서 강간하고, 사냥하듯 가죽을 벗기며 마구잡이로 잔인하게 죽여버렸습니다. 태즈메이니아인들은 백인을 처음 접촉한 지 75년만에 모두 몰살당했습니다.
약 1억 명으로 추정되는 아메리카 인디언은 수백만 명만 살아 남았습니다.[12]

자본은 자본주의를 더많은 이윤을 벌기 위한 체제로 끊임없이 바꾸어 왔습니다. 식민지 침략을 위해 영국을 제국주의로 만든 건 자본이었습니다.
자본은 기꺼이 제국주의 침략 전쟁에 자본을 투자했습니다. 독점 자본주의, 수정 자본주의, 금융자본주의, 디지털 자본주의 등은 그런 자본의 이른바 혁신과 변화를 지칭하는 개념입니다. 3차 산업혁명이니 4차 산업혁명이니 하는 작명도 마찬가지입니다.

---

12 피에르 클라스트르, 홍성흡 옮김, 『국가에 대항하는 사회』, 이학사, 2005

자본에게 가장 수지맞는 투자는 뭐니뭐니 해도 전쟁입니다. 1차 세계대전도 2차 세계대전도 6.25동란[13]도, 지금도 진행 중인 우크라이나-러시아 전쟁, 팔레스타인-이스라엘 전쟁도 자본에게는 엄청난 돈벌이 기회일 뿐입니다.

1910년에서 1914년 사이 화약 제조업체 듀퐁의 연평균 영업이익은 600만 달러였습니다. 1914년에서 1918년까지 1차 세계대전 기간 중 듀퐁의 영업이익은 5,800만 달러로 거의 1,000%나 급상승했습니다.[14]

포드, GM, IBM, ITT, 스탠다드오일 등 미국의 대자본들은 1933년 히틀러 집권 이후에도 이전처럼 독일에 투자해 돈을 긁어모았습니다. 2차 세계대전이 일어나 나치 독일은 미국의 적국이 되었습니다. 그럼에도 이들은 탱크, 전투기, 석유, 정보통신 기술 등 전쟁에 필요한 핵심 전략물자들을 나치에 팔아 떼돈을 벌었습니다.

록펠러, 모건 등 국제 금융자본가들도 마찬가지로 1차대전의 패전국 독일에 투자해 돈을 벌고 있었습니다. 독일의 전쟁배상금은 이들이 빌려준 돈으로 주는 것이었습니다. 2차대전이 일어나자 이들은 전쟁 기간 내내 히틀러에게 전쟁자금을 대주며 역시 떼돈을 벌었습니다.[15]

이로 말미암아 1945년 이후 미국에서는 나치를 지원한 이들 독점 대자본가들과 금융업자들에 대해 ¨거센 비판이 제기되었습니다. 이들 대자본가들이 일반 대중의 시선을 돌려 곤경에서

---

13 인민의 입장에서 보면 6.25 전쟁은 난(亂)이 일어난 동란(動亂)이었습니다.
14 스메들리 버틀러, 권민 옮김, 『전쟁은 사기다』, 공존, 2013.
15 박인규, 「전쟁국가 미국 2강」, 프레시안, 2019. 2. 7.

탈출하고, 멈춰 선 전쟁물자 생산라인도 다시 돌리며 돈을 벌기 위해 일으킨 전쟁이 다름아닌 6.25동란이었다는 '남침유도론'이 지금까지도 유력한 설로 제기되고 있을 정도입니다.

디지털 경제의 새로운 식민지, 인간의 몸과 마음

더 이상 개척할 식민지가 없어지자 자본가들은 전혀 새로운 미지의 식민지에 눈독 들이기 시작했습니다. 다름아닌 인간 자신의 몸과 마음입니다. 때마침 20세기 후반 인터넷의 등장과 21세기 초의 스마트폰 보급 확산과 함께 새로운 산업혁명이라 할 수 있는 디지털 경제가 본격화되기 시작했습니다.

자본가들은 사람의 몸과 마음을 쪼개고 자르고 분해해서 유전자와 시냅스 등을 비롯한 데이터로 환원해 새로운 상품을 개발할 수 있었습니다. 이른바 GAFAM(구글, 애플, 페이스북[메타로 변경], 아마존, 마이크로소프트) 등 극소수 거대 글로벌 IT 기업들이 주도하는 디지털 경제란 사실 인간의 몸과 마음, 자연과 세상. 푸른별 지구, 나아가 우주까지를 가상의 데이터로 바꾸어 자본의 최대 이윤 도구로 판매하는 새로운 식민지 침략 전쟁에 다름아닙니다.

그리고 마침내 인간지능이 만든 기계지능, 초지능의 등장이 눈 앞에 다가와 있습니다. 자본주의의 특이점, 산업화와 개발 성장주의의 특이점, 과학 만능주의의 특이점, 진보주의와 계몽주의의 특이점, 서구 이원론 세계관의 특이점입니다.

실리콘 밸리의 초거대 빅테크 AI 기업들이 주도하는 초지능의 등장에 대해 AI 과학자-개발자들의 전망은 희망의 장밋빛과 암울한 흑색으로 확연히 나뉩니다.

레이 커즈와일 등 장밋빛 진영은 AI가 사람들을 힘든 노동에서 해방시키고, 암을 정복하고, 시각장애인에게 눈을 선사하고, AI와 결합된 노화방지 유전자 기술(anti-aging)로 영생을 이룰 수 있다고 말합니다. 병든 지구를 치료할 뿐만 아니라 기후재난으로 황폐해진 지구를 떠나 인류를 화성으로 이주시키겠다고까지 약속합니다. 물론 돈이 있는 사람들에 한해서입니다. 알고리즘을 자연과 세상의 주인이자 소유주 자리에 앉히는 임명장을 주고 있는 셈입니다.

2022년 11월 30일 오픈 AI의 챗 GPT를 출시해 생성형 AI의 붐을 일으킨 샘 올트먼도 장밋빛 진영에 속합니다. 그는 초지능을 통한 인간 세상의 전면 혁신과 전환, 인간 삶의 진보와 개선을 희망을 섞어 전망합니다.

2024년 노벨 물리학상을 수상한 제프리 힌튼 캐나다 토론토대 교수는 딥러닝과 대용량 언어모델 이론을 처음으로 창안하고 개발한 인공지능의 대부입니다. 그는 AI의 위험성을 자유롭게 알리기 위해서라며 2023년 5월 2일 구글 부사장 직을 그만두고 퇴사했습니다.

힌튼은 뉴욕타임즈와의 인터뷰에서 수십년 동안의 AI 연구를 후회한다고 솔직한 소회를 털어놓았습니다. 많은 사람들이 깜짝 놀랐습니다. 그는 인공지능으로 말미암아 진실과 거짓을 구분할 수 없는 세상을 마주하게 되는 것이 가장 두렵다고 말했습니다. 조만간 인간의 통제를 받지 않고 사람을 죽이는 킬러 로봇이 전장터에 등장할 것이라고도 예견했습니다.

킬러 로봇은 이미 우크라이나와 팔레스타인 전장터에 등장해 수많은 아동들과 여성들, 노인들 등 민간인들을 학살하고 있습니다.

기후지옥과 자원고갈을 가속화하는 디지털 경제

디지털 기계는 엄청난 물과 자원, 에너지를 착취하고 소비하며 당연히 엄청난 온실가스를 배출합니다 디지털 산업의 전기소비량은 2017년 이미 전세계 소비량의 약 10%를 차지했습니다. 이는 해마다 5~7%씩 증가하고 있고 2025년이면 무려 20%에 달할 것이라고 예측하기도 합니다. 전기소비량으로 치면 미국과 중국에 이어 세계 3위입니다.

AI를 돌리기 위한 데이터센터의 전기소비량만 해도 어머어마합니다. 오픈 AI, 구글, 메타, xAI와 테슬라 등 거대 AI 빅테크들에 비상이 걸린 것도 전기 때문입니다. 이들은 문닫은 원전과 석탄화력발전소까지 다시 재가동시키려고 시도합니다.

국제에너지기구(IEA)는 2022년 기준 전세계 데이터센터의 전기소비량을 약 340TWh로 추산했습니다. 세계 8위를 자랑하는 우리나라 전기소비량의 60%에 이릅니다. 2억 8천만 명이 넘는 인도네시아의 소비량 316TWh보다 많습니다.

디지털 경제의 온실가스 배출량도 2018년 약 4%에서 2025년에는 2배 이상으로 높아질 것입니다.

이메일 1통을 발송하면 최소 0.5g에서 용량이 큰 붙임파일이 더해질 경우 20g 정도까지의 탄소를 발생시킵니다. 이런 메일이 전세계에서 날마다 3,190억 통이 발송됩니다.[16]

지금 이 순간 스마트폰을 들고 우리가 무심코 '좋아요'를 손가락으로 꾹 누르는 순간 아프리카의 어떤 희토류 광산에서는 유소년 노동자가 시간당 1달러도 안되는 임금으로 착취당하고, 석탄과 석유를 불태워 만든 전기가 소비됩니다. 배출된 이산화탄소는 우리도 모르는 사이에 내 숨통을 조여옵니다.

AI에 착취당하는 인간 미세노동자들

무엇보다도 디지털 경제는 노동자들의 노동력 판매를 분(分)과 초(秒) 단위로 나눔으로써 노동자 개개인의 노동력조차 분과 초 단위로 해체시켜 디지털 데이터로 환원해 버렸습니다. 연봉 노동자, 월급 노동자에서 일당 노동자, 시급 노동자를 거쳐 이제는 분급 노동자, 초급 노동자로 전락해버린 것입니다.

전세계 수천만 수억명의 플랫폼 노동자, 미세노동자(microworker)가 없다면 디지털 경제는 한 순간에 멈추고 맙니다. 아프리카 분쟁지역의 난민촌, 폴란드에 있는 우크라이나 난민촌의 고학력 여성들이 "단돈 몇 센트"의 돈을 받고 벌이는 라벨링, 콘텐츠 모더레이션 등의 미세노동이 없다면 인공지능이 실시간으로 답하고 해결하는 알고리즘은 결코 작동되지 못합니다. 미세노동자는 자신의 노동이 자기 일자리를 빼앗을 인

---

16 기욤 피트롱, 양영란 옮김, 『'좋아요'는 어떻게 지구를 파괴하는가』, 갈라파고스, 2023.

공지능을 교육하기 위한 것인지, 자기 고향을 폭격하기 위한 살상용 드론을 제작하기 위한 일인지 알 수조차 없습니다.

오늘날 디지털화된 삶을 가능케 한 원동력이 흔히 생각하듯이 알고리즘이 아니라 푼돈을 받고 육체를 갉아먹는 노동이라는 사실을 분명이 밝혀둔다. "단돈 몇 센트로 사진 속에 사람이 있는지 확인하는 일을 맡길 수 있는 거죠." 세계 최초이자 여전히 가장 인기있는 '미세노동' 중개 사이트인 아마존 메커니컬 터크가 공식적으로 문을 연 날 제프 베조스가 세상 사람들에게 고한 말이다.

… 사이트에서는 인공지능을 훈련시키기 위한 목적으로 이미지 속의 사람에게 태그를 붙이는 일과 같은 단 몇 분, 몇 초 안에 끝나는 초단기 작업을 중개한다. 수많은 노동자, 일명 '터커Turker'의 화면에 그 초단기 작업이 표시되고, 그러면 터커들은 그것을 한 건이라도 더 따내기 위해 서로 경쟁한다. 플랫폼이 취하는 수수료는 건당 20%다. 작업이 원격으로 수행되기 때문에 메커니컬터크 노동자들은 서로 만나지 못하고 그저 온라인 커뮤니티에서 각자의 아바타만 볼 뿐이다.[17]

물과 자원과 에너지가 없다면, 그리고 무엇보다도 제프 베조스가 '단돈 몇 센트'로 표현한 수많은 미세노동자가 없다면 디지털 경제는 순식간에 무너집니다. 적어도 지금까지는 그렇습

17 필 존스, 김고명 옮김, 『노동자 없는 노동』, 롤러코스터, 2022.

니다. 물론 조만간 이런 미세노동 일거리도 빠르게 사라지고
말 것입니다.

그럼에도 아마존의 제프 베조스가 시간당 벌어 들이는 돈은
이들 미세노동자들과 비교하면 너무나 까마득합니다. 베조스
가 시간당 1,300만 달러를 벌 때 이들 미세노동자들은 2달러
도 못법니다.

코로나 팬데믹 기간 중에 불어난 베조스의 자산은 전 세계
80억 인구 모두에게 안전하게 백신을 공급할 수 있는 규모였
습니다.

2021년 7월 베조스와 그의 몇몇 친구들이 호화 우주선을
타고 우주 여행을 떠날 때, 지구별 땅 위에서는 백신을 맞을
수 없거나 음식을 살 수 없었던 수백만 명이 죽어가고 있었습
니다. 그는 우주선을 타면서 마리 앙투아네트의 "빵이 없으면
케이크를 먹으면 되지"에 버금가는 명언을 남겼습니다. "이 모
든 비용을 지불해 준 아마존의 전직원과 고객에게 감사드립니
다."[18]

제프 베조스의 자산은 2023년 3월 기준 1,140억 달러, 우
리 돈으로 150조원이나 됩니다. 제프 베조스와 마이크로소프
트의 빌 게이츠, 워렌 버핏 3인의 부는 미국의 중하위 1억 3천
만 명의 부와 똑같습니다. 이 숫자는 얼마 전 1억 2천만 명으
로 줄었습니다. 제프 베조스가 이혼으로 재산이 줄었기 때문입
니다.

전세계 억만장자 26명의 재산은 전세계 하위 인구 절반의

---

18 옥스팜, 『죽음을 부르는 불평등』 한글 요약본, 2022, 1

재산과 같습니다.

이같은 극단의 불평등은 디지털 자본주의의 당연한 귀결입니다. 사람 몸과 마음의 디지털 데이터화를 통한 착취와 자연 착취 또한 자본주의의 극단화된 시장경제 논리에서는 당연한 일입니다.

문제는 노동자들과 노동조합, 노동자 정당의 이에 대한 강력한 저항이나 규제, 대안 제시를 통한 해결 방안이 없거나 실패해 왔다는 점입니다.

AI와 인간지능의 핵심 열쇠, 언어

오늘날 인공지능은 대규모로(large) 인간의 언어(language) 데이터를 입력해 기계가 스스로 깊은 학습(deep learning)을 하도록 만든 대용량 언어모델(Large Language Model) 기계입니다. 수메르 상형문자를 비롯해서 문자 발명 이래 지금까지 기록된 모든 기록들, 도서 책자들, 피씨와 스마트폰에 저장된 모든 언어들을 모두 기계에 집어넣어 만든 것입니다. 그랬더니 정말 놀랍게도 기계가 인간만큼, 그리고 하루가 다르게 인간 이상으로 아주 똑똑한 지능을 갖게 된 것입니다.

AI가 무엇을 왜 어떻게 작동해서 그렇게 똑똑한 답변을 하는지 그 작동원리를 AI를 개발한 과학자-개발자도 모릅니다. 그야말로 깜깜이, AI 블랙홀입니다.

문제는 이 인공지능의 데이터 속에 위에서 설명한 지금까지의 인간지능 활동, 국가 등장 이래 끊임없이 계속되어 온 전쟁과 집단학살, 자본주의의 착취와 식민지 침략 등등이 상세히 들어가 있다는 것입니다. 당연히 예수와 붓다, 노자와 공자의 깨달음과 자비행, 공동선의 행동들도 들어가 있습니다.

이같은 초지능의 등장을 이해하기 위해서는 우선 초지능과 인간의 핵심 열쇠, 즉 인간의 언어를 이해해야 합니다.

사람은 언어로 생각하고 언어로 소통하는 사회성 동물입니다.

갓태어난 아기의 뇌세포와 시냅스는 그야말로 폭발하듯이 늘어납니다. 아기는 어머니 젖을 먹고 성장하면서 눈귀코혀살갗머리 등의 감각기관을 통해 세상을 보고 듣고 냄새맡고 맛보고 만져보는 행동으로 세상을 인식하기 시작합니다. 아기는 어떤 물건이든지 입으로 가져가 먹으려고 합니다. 한시도 아이를 혼자 두어서는 안되는 게 인간 아이 기르기입니다.

그것이 아기가 세상을 학습하는 과정입니다. 그리고 맨 먼저 배우는 것이 말입니다. 아이를 키워본 부모들을 잘 알고 있는 사실이지만, 아이들이 어떻게 가르쳐주지도 않았는데 옆으로 굴러 엎어지고 배밀이를 하고 두 발로 일어서고 걷기 시작하는지, 어떻게 말을 하게 되는지 그저 놀라울 따름입니다.

아기는 언어를 통해 세상을 이름으로 분별하기 시작합니다. '함'을 통해 '앎'이 생겨납니다.[19] 그리고 자신의 세상을 만들어

19 움베르또 마뚜라나·프란시스코 바렐라, 『앎의 나무』, 갈무리, 2007.

나갑니다. 그래야만 환경에 적응해 생존해 나갈 수 있기 때문입니다.

사람과 유전자가 98%나 같은 침팬지의 외침, 새들의 지저귐도 의사소통 수단이기는 합니다. 그러나 언어는 아닙니다. 개미는 페로몬으로 의사소통을 하고 벌은 벌춤으로 의사소통을 하지만 그것 또한 언어는 아닙니다.

지구별 행성에서 오직 사람만이 언어로 의사소통을 합니다. 사람만이 유일하게 속삭일 수 있는 사회성 동물입니다.

언어는 엄지와 검지 끝을 둥글게 해서 만나게 해 "오케이!"를 표시하는 몸짓 그림, 온도계가 온도를 가리키는 지시(indexial)를 넘어서서 그것이 가리키는 물건과 분리된 기호와 상징, 개념들로 이루어집니다. 이 과정은 언어 사용 구성원의 합의에 의해 이루어집니다. '초자아', '이자'라는 말을 침팬지와 호랑 지빠귀는 결코 인식할 수 없습니다.[20]

사람만의 특성이라고 여겨졌던 감정과 의식, 행위 등은 이제 거의 모든 생명체가 동일하게 갖고 있는 것으로 밝혀지고 있습니다.

식물의 뿌리에도 일종의 뇌가 있고 소리를 감지하는 기능이 있습니다.[21] 해달은 조개를 배 위에 올려놓고 돌을 도구로 사용해 깨서 먹습니다. 까마귀도 생각을 하고 눈 비탈에서 스키를 타듯이 미끄러져 내려오는 놀이를 즐깁니다.[22] 개미는 식물의 잎을 잘라 개미집에 넣고 곰팡이 농사를 짓습니다.[23]

20 위르겐 카우베, 안인희 옮김, 『모든 시작의 역사』, 김영사, 2019.
21 스테파노 만쿠소·알렉산드라 비올라, 양병찬 옮김, 『매혹하는 식물의 뇌』, 행성B이오스, 2018.
22 베른트 하인리히, 최재경 옮김, 『까마귀의 마음』, 에코리브르, 2005.
23 최재천, 『개미제국의 발견』, 사이언스북스, 1999.

오직 언어만이 인간을 다른 생명체와 구별하게 해주는 거의 유일한 특성입니다. 사람은 언어를 통해 소통하는 다른 사람들과의 공동체에 속하지 못하면 세계를 인식할 수도 없고 세상을 살아갈 능력도 상실합니다.

1920년 인도에서 발견된 늑대 소녀 자매의 예가 극명하게 보여주듯 사람은 유아기에 늑대 사회에서 양육되면 늑대로 성장합니다. 이들은 수많은 시도와 노력에도 불구하고 결코 인간 언어를 학습할 수 없었습니다.

우리는 언제부터 언어를 사용했을까

인류가 언제부터 언어를 사용했는지는 정확히 알 수 없습니다. 다만 현생 인류가 아프리카에 출현했을 초기부터 소리지르고 으르렁거리고 흥얼거리는 데서 한 걸음 한 걸음 그야말로 아주 더디게 언어 사용으로 나아갔던 것으로 보입니다.

인류 문화의 '도약'이라고 표현되는 약 4만~4만 5천년 전부터는 인간이 언어를 사용했다는 분명한 증거들이 나타납니다. 장신구, 동굴벽화, 복잡한 무기, 악기, 불피운 자리의 보존, 매장 등이 그 증거들입니다. 이는 언어를 통한 사유와 상상, 상징의 전달, 모방 학습 행동 등 언어가 없으면 불가능한 문화와 기술의 산출물들입니다. 인류는 처음으로 죽음 이후의 세계를 포함해서 언어로 세계를 해석하고 재구성하기 시작합니다.

인도네시아 술라웨시 섬에서 발견된 4만 3,900년 전 동굴벽화에는 작고 사나운 물소와 이를 사냥하는 6명의 작은 사냥꾼이 그려져 있습니다. 창을 들고 있는 이들 사냥꾼들은 새의 부리가 달려 있거나 꼬리가 달린, 반은 사람 반은 짐승인 '반인반수(半人半獸)'입니다.

인간이 반인반수라는 상상의 동물을 창조해내고, 무리들과 함께 후대까지 기억을 광범위하게 공유할 수 있도록 그림이라는 상징을 만들 수 있는 것은 오직 사회성 언어의 소통이 있어야만 가능한 일입니다. 세계에 대한 해석과 함께 애니미즘과 종교 의례의 등장도 마찬가지입니다.

학자들은 인간의 언어 사용은 오랜 기간에 걸쳐 언어와 지능을 발전시키는 방향으로 신체구조가 바뀌는 자연선택의 결과라고 보고 있습니다.

말을 하기 위해서는 후두부가 아래로 내려가고 성대가 부풀어 오르고 위 아래로 움직이는 공명공간이 생기는 등 소리길이 생겨야 합니다. 무엇보다도 이에 조응한 뇌구조의 변화가 일어나야 합니다. 어느날 갑자기 돌연변이로 언어 능력이 생겨난 게 아닙니다.

언어의 이데아인 본질 문법구조가 있고 모든 언어는 이같은 본질 문법구조의 변형이라는 촘스키의 이론은 대형 언어모델의 인공지능이 등장하면서 이제는 거의 거론조차 되지 않고 있습니다.

약 4만년 전 사라진 네안데르탈인은 두뇌도 크고 노래를 하거나 웅얼거리기는 했지만 말은 하지 못했을 것으로 추정됩니다. 언어의 문턱에는 이르렀지만 문턱을 넘지 못하고 멸종된 것입니다.

인간은 발음을 하려면 초당 약 220개의 근육을 움직여야 합니다. 소리를 낼 때 앵무새를 제외하고 인간만이 혀를 복잡하게 움직일 수 있습니다. 입과 목, 코와 혀, 허파 등 소리를 내는 데 필요한 신체 구조가 인간과 비슷한 동물들도 있습니다. 그러나 말을 하는 인간과 다른 포유류를 뚜렷하게 구분하는 표지는 발성기관을 조종하는 두뇌입니다.

인간 어린아이는 보통 1살이면 최초로 낱말들을 말하기 시작합니다. 18세가 되면 약 6만 개의 단어를 구사합니다. 잠자는 시간을 빼면 90분마다 한 낱말을 학습한 셈입니다.

호모 사피엔스는 모방과 학습능력이 뛰어난 사회성 동물입니다.

이같은 사회성 언어를 통한 지식의 집적과 공동체 생활을 통해 인류는 종교와 국가를 만들고, 문자를 발명하고, 도구와 기계를 제작하고, 문화와 문명을 발달시켜왔습니다.

감옥에서 탈출하기

외부에 객관으로 존재하는 그런 세계란 없습니다. 눈이 나쁜 개는 이원색의 눈으로는 흐릿한 세계를 볼 수 있을 뿐이지만, 2억~3억만 개 이상의 코 감각 수용체가 맡은 냄새로 아주 세세하게 세계를 인식합니다.

뱀은 귀가 없지만 혀가 맡는 냄새와 눈, 피부가 감지하는 진동으로 세계를 인식합니다. 장거리 여행 새는 자외선과 지구 자장까지 눈으로 봅니다. 박쥐는 초음파로 세계를 인식합니다.

초지능 등장이 코 앞에 와 있습니다

개가 보는 세계와 뱀과 박쥐와 새가 인식하는 세계, 사람이 보고 실감하는 세계 가운데 그 어느 것도 객관으로 존재하는 세계라고 확언할 수 없습니다.

사람의 세계관이란 언어로 지어진 마음의 건축물입니다. 국가도 정당도 노동조합도 하나의 개념일 뿐입니다. 현실에 대한 날카로운 비판의식도 현실에 대한 모든 착시도 언어에서부터 시작합니다.

공자가 바른 이름(정명 正名)을 강조한 것도, 붓다가 명색(名色, 이름붙인 물질과 개념 namarupa)과 식(識, 분별심 vinnana)을 깨달음의 핵심 대상으로 삼은 것도 이 때문이라고 할 수 있습니다.

자신의 감각기관을 통해 자신의 세상을 만들어 내 자신의 세계관 속에서 사는 인민들이 지구상에는 80억 명이나 됩니다. 말하자면 사람의 세계는 80억 개나 됩니다.

사회성 동물인 인간은 언어를 통해 소통하면서 이런 80억개의 세계를 더불어 함께 살아가는 공통의 세계, 공존과 공유의 세상으로 만들어 왔습니다.

그런데 자본주의는 이 80억 개의 세상을 인간 본성에 어긋나게 제각각 칸막이 감옥에 가두고 인간과 자연을 착취해 왔습니다. 그 결과가 기후지옥입니다. 여섯 번째 대멸종, 자본가 자신을 포함한 인간 세상의 종말이 일어날지도 모르는 23시 55분의 종말 시계입니다.

이 감옥을 부수고 다시 80억 개의 세상을 공존과 공유의 세상으로 바꿔야 그나마 생존이 가능해집니다. 그러기 위해 가장 먼저 해야 할 일은 개줄처럼 우리 목에 채워진 서구의 이원론과 기계론, 극단의 개인주의 세계관을 과감하게 쓰레기통에 버리고 문을 열고 광장으로 나와 신선한 공기로 심호흡 하면서 감옥에서 탈출해야 합니다.

마이너스 성장이라는 기괴한 말을 만들어낸 성장 지상주의와 과학기술 만능주의의 색안경도 던져 버려야 합니다. 성찰과 반성을 통해 마음을 바꾸고 세계관을 바꾸지 않으면 기후지옥과 극단의 불평등, 초지능의 등장에 적응할 구명보트는 어디서도 찾을 수 없습니다.

성장지상주의와 과학기술 만능주의의 정점이 바로 초지능의 등장입니다.

오늘날 뇌과학과 양자역학의 발달은 서구 이원론과 고전물리학의 기계론이 잘못된 세계관임을 명확하게 밝혀내고 있습니다.

전통적인 고전물리학의 기계론적 세계관은 여전히 우리의 일반적인 상식이다. 이 기계론적 세계관은 다음과 같은 기본적인 전제들을 공유하고 있다.
더 이상 분해되지 않는 독립적인 입자들이 외적으로 영향을 주고받는다.
독립적인 입자들의 상호작용은 인과관계로 설명될 수 있다.
전체는 부분의 모임이다.

기계론적 세계관의 핵심은 독립적인 입자, 즉 전체를 이루는 부분들을 본질적인 것으로 본다는 데 있다. 양자역학은 이러한 기계론적 세계관이 근본적으로 잘못되어 있음을 명확하게 보여준다. 이 세계를 바라보기 위해서는 기본적인 사유의 단위가 '입자'나 '실체'가 아니라 '사건'이나 '과정'이 돼야 한다. 우주의 본래 모습은 전체적인 하나의 과정임에도 인간의 추상화, 개념화, 언어화가 구성요소로서의 '부분'과 고정된 실체라는 개념을 만들어냈던 것이다.[24]

---

24 김주환, 『내면소통』, 인플루엔셜, 2023.

6. 노동자 공동체 운동은 왜 실패했을까

자본주의를 극복하는 노동자 공동체운동

자본주의 초기에 농촌에서 강제로 추방되어 도시로 몰려든 영국의 노동자들은 살기 위해서는 자신의 노동력을 자본가에게 팔아야만 하는 노동노예 신세로 전락될 수밖에 없었습니다. 이들은 새로 형성된 공장도시에서 지역별로 노동자들끼리 모여 우애조합과 독서클럽, 축구클럽 등을 활발하게 조직해 나가기 시작했습니다. 스스로 새로운 노동자 공동체를 만들어 함께 어려움을 극복하고자 한 것입니다. 박지성의 맨체스터 유나이티드, 손흥민의 토트넘 등 영국과 유럽의 거의 모든 축구 클럽은 대부분 노동자들의 축구 공동체에서 비롯된 것입니다.

그리고 마침내 노동조합을 결성해 연대와 '쪽수'의 힘으로 파업 등 단체행동을 통해 임금인상과 노동시간 단축 운동을 벌여나갔습니다. 투표권 확보 투쟁인 차티스트운동과 노동자 정당 운동 또한 노동자의 권리를 쟁취하기 위한 투쟁의 일환이었습니다.

로버트 오언의 뉴라나크 협동조합 방적공장은 자본주의의 대안으로서 협동조합 공동체 생산방식이 얼마든지 가능하다는 놀라운 성공 사례를 보여주었습니다.

깨끗하고 질서정연한 거리, 하루 10시간 반의 노

동, 세계 최초로 설립된 유치원과 학교에서 공부하는 300여명의 아이들, 강제적인 질타 없이도 열심히 일하는 노동자들, 민주적인 근로규칙, 생필품 판매점과 주방-식당 등 공동시설은 예전에는 어디에서도 찾아볼 수 없는 놀라운 성공을 가져왔고, 이로 인해 뉴라나크는 사회 개량의 근거지가 되었다. 1815년에서 1825년 사이 유럽 각국에서는 왕족과 귀부인들, 실업가와 작가들, 성직자와 개혁주의자 등 2만여명의 사람들이 뉴라나크를 찾아와 이 희귀한 사회 개혁의 실험실을 둘러보았다. [25]

노동자들이 "만국의 노동자여 단결하라"라는 기치 아래 추구한 사회주의 혁명은 1919년 러시아 10월 혁명으로 새로운 세상을 열어제낀 것처럼 보였습니다. 그러나 1991년 12월 25일 소비에트연방의 해체와 함께 현실 사회주의는 헛된 꿈이었음이 백일하에 드러나고 말았습니다. 소비에트연방도 산업화와 개발-성장을 추구하기는 자본주의와 매한가지였습니다. 자본신 대신 혁명신, 이데올로기신, 당(黨)신을 내세웠지만 철의 장막 안에서 노동자들은 자유인이기는커녕 당과 국가의 노예 신세일 뿐이었습니다.

구소련 해체 후 세상은 이제 신자유주의로 무장한 시장만능주의의 자본 세상으로 무한질주하는 것처럼 보입니다. 각국의 공산당 또한 몰락하고 사민주의 정당이나 이른바 진보세력들도 사실상 신자유주의를 수용한 제3의 노선으로 전향해 보수

---

25   윤형근,『협동조합의 오래된 미래: 선구자들』, 그물코, 2013.

니 진보니 하는 구분 자체가 애매해져 버렸습니다.

한국도 1992년 김영삼 정권이 신자유주의를 수용하는 세계화추진위를 만들어 금융을 개방하더니 곧바로 IMF 사태를 맞았습니다. 이 때문에 집권한 김대중은 한 때 박현채의 자립경제론과 민족경제론을 수용하던 노선을 전면 폐기하고, 신자유주의를 더욱 적극 도입하기 시작했습니다. 해고가 자유로운 '노동시장 유연화'라는 이상한 이름의 정책과 비정규직 노동자도 이때부터 생긴 것입니다.

21세기 들어 이른바 진보-보수 정권이 거듭 오락가락하지만 자본신의 무한 성장과 질주를 도와줄 뿐 기후지옥과 불평등을 해결하고 노동자와 인민의 자유로운 삶을 보장하기 위해 자본과 맞서는 정권은 없었습니다.

만인의 만인에 대한 경쟁만이 오롯이 남은 세상에서 이제 노동자들은 노동노예 신세에서 혼자서라도 벗어나기 위해 기꺼이 몸과 마음을 자본신에게 팝니다. 로또를 사고 주식 데이트레이딩을 하고 강원랜드를 수시로 드나듭니다. 헛된 꿈임을 알면서도 달리 길이 없기 때문입니다. 결국 수많은 노동자들이 자본주의 체제 유지의 가장 강력한 기반인 돈신 노예가 되어버리고 말았습니다.

각 나라의 역사와 문화, 정치-경제-사회 상황에 따라 정도의 차이가 있겠지만 전세계 노동자들과 노동조합의 투쟁은 여전히 자본의 힘을 누르고 노동노예, 채무노예의 사슬을 벗는 해방의 삶을 쟁취하기에는 무력해 보입니다. 근 3세기에 걸쳐 축적된 자본의 규모가 이제는 국민국가를 훌쩍 뛰어넘어 어마어마한 천문학의 숫자로 그야말로 전지구를 뒤덮는 괴력의 집적-집중 자체가 되어버렸기 때문입니다.

신용화폐는 이미 국가가 아니라 자본의 손아귀에 넘어간 지 오래이고, 전 인류를 태어날 때부터 채무노예로 만들어 버리고 있습니다.

디지털 자본가들은 SNS와 유튜브, 넷플릭스 등 디지털 엔터테인먼트를 통해 노동자들을 무력화시키는 데서 한걸음 더 나아가 거의 모든 인민들을 디지털 경제에 중독시켜 디지털 도파민 노예로 만들어버렸습니다. 사람들은 디지털 자본가들에게 자신의 몸과 마음 데이터 자산을 자신도 모르는 사이에 스스로 공짜로 기부하고 있습니다. 그리고 대부분 이들 디지털 자본가들을 부러워하고 존경의 눈으로 우러러봅니다. 또는 푼돈이라도 긁어모아 이들의 주식에 투자합니다.

한국 노동조합운동은 왜 산별을 추진했을까

오늘날 한국 노동자들은 이미 정규직과 비정규직, 생산직과 사무직, 남성과 여성 등 직종과 성별, 인종 등으로 갈갈이 찢겨져 있습니다. 거의 모든 노동자들이 핵개인으로 해체되어 파편화 원자화되어 있습니다. 연대와 단결이 필요하다는 사실을 인식하고 있을 뿐만 아니라 습관처럼 연대를 구호로 외치고 있긴 하지만 공허한 메아리에 불과합니다. 남은 건 개인별로 첨예한 이해관계 추구뿐입니다.

산별 노동조합이 강력한 교섭력과 투쟁력을 갖는다는 사실은 서구 노동운동사에서 이미 입증된 바입니다. 6.25동란 후 한국노총이 기업별 노조 체제임에도 기업별 노조의 산별연맹으로 지금까지 이어져 온 것도 이 때문입니다. 1987년 노동자 대투쟁의 성과로 1995년 결성된 민주노총은 출범 이후부터 줄곧 산별노조 건설을 부르짖어 왔습니다. 그리고 실제로 지금은 조합원의 90%가 산별 소속으로 전환돼 있는 상태입니다.

그런데 노동자들과 노동조합의 연대 틀은 무슨 만고불변의 고정된 진리같은 게 없습니다. 노동자들의 연대와 연합은 시대와 상황에 걸맞게 각 나라의 조건에 맞추어 변해야 하고 또 변해 왔습니다. 기후지옥과 AI 시대, 소용돌이의 대격변이 진행되고 있고 체제전환의 요구가 밑에서부터 꿈틀거리고 있는 현실에서 한국 노동자들의 연대 틀은 변해야 하고 변할 수밖에 없습니다. 산별노조는 무슨 알라딘의 램프처럼 마법의 주문도 아닙니다.

더구나 AI가 등장하면서 기존의 산업 구분과 구별 자체가 무의미해지고 있습니다.

한국의 산별노조는 '무늬만 산별'일뿐 기업별 노조의 관행과 단체교섭 틀을 벗어나지 못하고 있습니다. 금속노조의 경우 현대차지부와 기아차지부가 전체 조합원의 절반 이상을 차지하고 있는 상황임을 감안하더라도 서구의 산별 노조 단체교섭과 투쟁과는 거리가 멉니다. 오히려 자본의 하청 언론들이 정규직 중심의 산별노조와 민주노총을 비정규직과 갈라쳐 기득권 노조, 귀족노조로 공격해도 적절한 대응조차 못하고 있는 형편입니다.

민주노총과 한국노총은 산별노조 운동의 기반으로서 지역연대 강화 전략을 내세우기도 합니다. 그러나 이 또한 '이름뿐인 지역연대'라는 솔직한 평가 그대로 지지부진을 면치 못하고 있습니다. 금속노조 경주지부, 건설노조와 플랜트 건설노조 등의 지역연대 투쟁 성공 사례 등도 다른 지역으로 그렇게 널리 확산되지 못하고 있습니다.[26]

　　1920년대 후반 일제의 가혹한 노동탄압 속에서도 원산 지역의 전노동자를 조합원으로 막강한 조직력과 투쟁력을 자랑했던 원산노련같은 조직활동과 투쟁은 엄두조차 못내고 있는 게 한국 노동운동의 현실입니다.

　　경로의존성이라는 말이 있습니다. 한국 노동조합운동의 산별 모색은 일종의 경로의존성이라는 관성과 습관에 기인하는 바가 큽니다. 6.25동란 이후 70여년 동안이나 산별 체제를 모색했는데도 실제로는 여전히 기업별 노조 체제에 머물러 있다면 그런 산별노조운동은 명백히 실패한 것입니다.

　　이제 산별노조운동은 현실에 전혀 부합하지 않은 목표입니다. 산별노조는 오히려 산별이 잘 안돼서 노동조합운동이 안된다는 둥 순환론의 핑계거리로 전락하고 말았습니다.

　　한국은 아직은 제조업 비중이 높은 편입니다. 그러나 한국도 산업 자체가 제조업에서 점차 디지털경제와 서비스 산업화로 급변하고 있는 흐름을 피해갈 수가 없습니다. 19세기와 20

26　이병훈 외,『산별노조운동의 지역연대 강화 전략』, 민주노총, 2014.
김현우 외,『지역사회와 노동운동의 개입 전략』, 한국노동사회연구소, 2006.
윤영삼·최성용,「노동조합 지역조직의 실태와 활성화 방안」,『인적자원관리연구』21권 5호, 인적자원관리학회, 2014.
조효래,「지역노동운동 활성화를 위한 노동조합의 전략: 민주노총 경남본부의 사례」,『산업노동연구』26권 3호, 산업노동학회, 2020.

세기 낡은 문법의 산별운동을 금과옥조로 지키고 있다는 것은 21세기 기후지옥과 불평등, 초지능의 거대한 쓰나미 앞에서 이미 사라진 과거의 신기루를 멍하니 쳐다보고 있는 것과 마찬가지입니다.

철지난 전쟁 전략서에서도 나와 있는 것처럼 근거지를 수성하고자 하는 닫힌 성 안에서의 투쟁은 식량과 무기가 없다면 실패할 수밖에 없습니다. 문을 열고 새로운 세상을 향해 나아가는 대장정의 결단과 방향 전환이 필요하다는 말입니다.

1998년 정권교체와 함께 민주와 독재의 대립구도는 시대 변화에 걸맞지 않는 낡은 프레임이 되어버렸습니다. 민주와 어용의 노동조합 대립구도 또한 낡은 프레임입니다. 진보-보수의 프레임도 비슷비슷한 2개의 거대 여의도 엘리트 보수정당이 번갈아 정권을 차지할 수 있게 그들만의 '적대적 공생'만을 키워줄 뿐이라는 인식도 확산되고 있습니다.

기후지옥과 극단의 불평등, 초지능의 시대, 자유인으로서 노동자들의 해방된 삶은 도대체 어떻게 가능할 수 있을까요.

우리는 모두 연대 연합을 해야 생존할 수 있는
네트워크 인간들

21세기 들어 뇌과학과 진화생물학, 네트워크 이론의 발전은 사회성 동물인 호모 사피엔스의 집단행동에 대해 몇 가지 특징을 정리해서 보여줍니다. 그 중에서 소수가 다수가 되기 위

노동자 공동체 운동은 왜 실패했을까

해 필요한 3가지 법칙이 있습니다.

첫째, 도원결의, 둘째 던바의 수, 그리고 세번째 3.5%의 법칙이 그것입니다.

어떤 사회운동과 체제전환 혁명도 초동주체의 결의가 있어야 한다는 것은 누구나 아는 상식입니다. 삼국지의 도원결의는 예수의 12제자, 붓다의 초전법륜 수행자 5명과 같은 맥락에서 모든 사회운동과 종교운동, 전환혁명의 출발점입니다. 자신의 삶부터 먼저 바꾼 이들의 도원결의가 사회와 국가, 사람의 마음과 세상을 바꾸는 시작점입니다.

한 사람이 터놓고 신뢰하는 사람의 숫자는 150여명 안팎입니다. 이 150여명이 최초의 공동체, 최초의 사회입니다. 씨족사회, 부족사회, 지역사회, 시민사회, 국가 등 더 큰 규모의 사회는 이들 수많은 기초사회의 연대와 연합으로 이루어집니다.

진화인류학자 로빈 던바는 무수한 역사 사실과 국가, 그리고 최근의 트위터 등 SNS까지 조사 연구한 뒤 인류가 출현한 이래 이 숫자는 변하지 않았음을 발견합니다. 인간의 뇌가 그 이상은 수용하지 못하기 때문입니다.

실제로 아마존 수렵채취 원시부족 공동체의 평균 구성원도 약 150여 명입니다. 구성원 수가 200명을 넘어서면 공동체의 일부가 따로 다른 지역으로 떨어져 나가 새로운 공동체를 만듭니다. 공동체 구성원들이 공동으로 사냥을 하거나 걸어서 식량을 수렵채취 할 수 있는 주위 영역이 150여명 이상은 먹여살릴 수 없기 때문입니다.

고어텍스를 비롯한 수많은 글로벌 대기업들도 사업부를

150여명으로 구성합니다.

이것이 던바의 수입니다. 인류의 전쟁사를 살펴보아도 전우애로 똘똘 뭉친 전투 핵심부대는 150명 안팎의 중대 단위입니다.

사람의 감각 가운데 촉각은 친밀감을 전달할 수 있는 가장 강력한 감각입니다. 단 한 번의 접촉이 천 마디 말보다 더 많은 정보를 전달합니다. 디지털미디어의 얇고 약한 네트워크가 할 수 없는 영역이 바로 이런 접촉의 친밀감을 통한 강한 결속입니다.

어떤 공동체와 사회운동이든지 그 이름이 일꾼이든 활동가든 촉진자든 전위든 그 무엇이든 150여명의 핵심 구성원을 결속, 결집시켜야 활동이 가능해집니다. 그래야 공동체 내의 핵심 연결자-촉진자들이 다시 다단계 방식으로 다른 공동체와 사회운동의 핵심 연결자 네트워크를 조직하고, 네트워크를 통해 수십만 수백만의 사람들을 결집시킬 수 있습니다.

에리카 체노웨스는 국제 비폭력 갈등 센터(ICNC)의 연구원 마리아 스테판과 함께 1900년부터 2006년까지 총 323개의 전세계 인민 저항행동 사례를 문헌 조사를 통해 분석했습니다. 그리고 국가 차원이건 단체 차원이건 구성원 가운데 3.5%가 비폭력으로 행동에 나서면 그 행동은 성공한다는 공식을 발표했습니다. 2016/2017 한국의 박근혜 탄핵 촛불시위가 대표 사례 가운데 하나입니다.

체노웨스의 3.5% 법칙은 사회성 동물인 인간이 지역공동체와 사회, 국가를 어떻게 바꿀 수 있는지 매우 유용한 시사점을

　　　　　　노동자 공동체 운동은 왜 실패했을까

던져줍니다.

1987년 노동자대투쟁 이후 한국 노동자들의 투쟁은 오랜 독재의 굴레를 벗어나 한동안 자유의 분출과 해방의 물결을 구가하면서 놀라운 성장과 확산을 거듭했습니다. 노동조합은 자본에 대항하는 강력한 교두보로서 사회운동의 중심 세력으로 자리잡을 수 있었습니다. 그러나 1997년 IMF 사태와 함께 한국 노동운동의 짧은 개화는 진달래 꽃처럼 스러져 버리고 말았습니다. 이후 4반세기가 넘게 한국의 노동운동은 지지부진을 면치 못하고 추락을 거듭하고 있는 중입니다.

남북의 적대적 공존과 남한 내 보수-진보의 적대적 공존이라는 이중의 굴레 아래 한국의 노동운동은 연대와 연합을 모색하지 않으면 고립될 수밖에 없습니다. 영세 중소자본가를 비롯해서 자영업자와 농민 등 다양한 계급과 계층이 존재하고, 노동자 내부도 수없이 나뉘고 분절되어 저마다 서로 이해관계가 다르기 때문입니다. 자본도 국내자본만 상대해야 하는 게 아닙니다. 미국의 군산복합체와 금융자본가들을 비롯한 국제투기자본의 엄중한 착취망이 교차해 촘촘하게 한국 노동자들을 옥죄고 있습니다. 이런 조건에서 과연 한국 노동운동이 얼마나 심혈을 기울여 연대와 연합 운동을 통한 노동자 해방과 자유를 추구했는지 묻지 않을 수 없습니다.

연대 연합이란 그저 나 또는 우리 조직을 중심에 놓고 나 또는 우리 조직의 이해관계를 위해 다른 사람이나 조직을 끌어들이는 이른바 포섭과는 전혀 다른 차원의 행위입니다. 상대방을 상호 동등한 '다른 주체의 나', '다른 우리'로 인정하고 존중하지 않으면 연대와 연합은 성사될 수 없습니다.

특히 한국에서 연대와 연합은 민주주의 그 자체나 다름없습니다. 민주주의의 핵심 원리인 다른 주권자의 견해와 주장에 대한 인정과 경청이야말로 연대와 연합의 핵심 원리이기 때문입니다.

나치의 망령이 어른거리는 이른바 팬덤정치의 '개딸'이나 '태극기'가 정말로 한국의 헌법과 민주주의를 수호하기 위해 행동에 나선 부대들인지 의심스러운 이유가 여기에 있습니다. 이들이 민주주의자들이라면 '개딸'은 '태극기'를 '태극기'는 '개딸'을 제거해야 할 적이 아니라 한국의 헌법과 민주주의를 지키는 동반자로 상호 존중해야 하기 때문입니다.

사회성 동물인 호모 사피엔스는 절대로 혼자서는 생존이 불가능합니다. 로빈슨 크루소의 무인도 생존은 이미 인간 사회 속에서 생존하는 방법을 학습했기 때문에 가능한 일이었습니다.

인간은 연대연합해야 생존이 가능합니다. 연대해서 무리지어 사냥을 해야 인간보다 훨씬 몸집이 큰 맘모스 등 대형 포유류를 잡을 수 있습니다.

아메리카 인디언들이 국가를 만들지 않고도 씨족공동체들의 네트워크로서 대규모 부족공동체 사회로 충분히 생존을 유지할 수 있었던 것은 연대연합의 힘이 있었기 때문입니다. 실제로 이뤄쿼이 연합의 민주주의와 연방주의 제도는 미국 헌법에 직접 영향을 끼치기도 했습니다. 1987년 미국 연방의회 상원은 이로쿼이 연합이 미국 헌법 제정에 기여했다는 사실을 인정하는 결의문을 채택한 바도 있습니다. 그래서 어떤 사람들은 이로쿼이 연합을 미국 건국의 '잊혀진 아버지(Forgotten Fathers)'라고 부르기도 합니다. [27]

노동자 정체성과 주민 정체성

자본주의 사회에서 노동자로 산다는 것은 정확히 말하면 노동노예의 삶을 산다는 것입니다. 대부분의 노동자들은 이런 삶을 당연시합니다. 달리 다른 방법이 없기 때문입니다.

그러나 자본주의 사회에서도 노동노예에서 해방된 대자유인의 삶은 얼마든지 가능합니다. 더구나 혼자서가 아니라 우애와 환대의 협동공동체를 이루어 살면 그 공동체는 돈주고도 살 수 없는 가장 확실한 사회안전망이 될 수 있습니다.

앞서 예로 들었던 로버트 오언의 뉴라나크 협동조합 방적공장, 스페인의 몬드라곤 협동조합 복합체처럼 협동조합 공동체는 이미 현실에서 지속가능성이 입증된 성공 사례들입니다. 크로포트킨 등 협동조합 사회주의자들은 중세 시대가 암흑시대가 아니라 소농공동체와 자유도시의 협동조합 공동체가 번성했던 공동체의 황금시대라고 역설하기까지 했습니다.

기후지옥에서 생존할 수 있는 사회안전망을 국가와 기업이 제공해 줄 수 없다는 뼈아픈 사실을 우리는 매일매일 경험하고 있습니다. 국가와 기업은 지금도 온실가스를 마구 배출하는 주역이자 세상을 기후지옥으로 만든 범죄자 집단입니다.

27   여치헌, 『인디언 마을공화국』, 휴머니스트, 2012.

헌법에 대한민국의 주권은 국민에게 있음을 명시하고 있지만, 정작 주권자인 국민이 국가와 기업을 통제할 수 있는 장치, 법과 제도가 없기에 벌어지는 일들입니다.

한국의 헌법은 한 지붕 두 가족, 주권자 국민과 선거를 통해 국민으로부터 주권을 위임받는 대통령과 행정부, 입법부, 사법부 등의 이중 권력 체제를 규정해 놓고 있습니다. 이런 이중 권력 체제를 주권자 국민들이 행동을 통해 직접 민주주의 체제로 명실상부하게 바꿔야 합니다.

노동자들이 기후지옥에서 살아남으려면 국가와 기업 속에 갇혀 있는 노동노예의 정체성에서 탈출해야 합니다. 그리고 자본주의 초기 영국의 노동자들이 스스로 지역에서부터 이웃공동체를 만들어 나갔듯이 지역공동체 주민의 정체성을 회복해야 합니다.

가장 강력한 사회안전망, 기후지옥의 구명보트는 얼굴을 맞댄 지역의 이웃공동체입니다. 하루 8시간 이상, 심지어 철야를 밥먹듯이 하면서 공장과 회사에서 일하는 노동자들이라 할지라도 결국 가족들이 생활하는 공간은 지역입니다. 은퇴하면 그의 정체성은 하루 아침에 지역 주민으로 바뀝니다.

결국 우리가 믿고 의지할 수 있는 공동체는 지역공동체뿐입니다.

우리는 새로운 세상을 만들어낼 수 있습니다. 새로운 결속과 결집을 이루어낼 수 있습니다. 도원결의와 얼굴을 맞대고 신뢰할 수 있는 150여명의 지역 주민들 마음을 합하면 지역에서부터 새로운 기후정치 혁명, 제제 전환을 이루어낼 수 있습니다.

인간지능 스스로 사람의 일자리를 AI로 대체하고 있습니다

 2022년 11월 30일 오픈 AI가 처음으로 생성형 인공지능 챗 GPT를 출시한 이래 세계는 놀랍도록 빠르게 AI 세계로 빨려 들어가고 있습니다.
 이미 인간지능 일자리를 급속하게 AI가 대체하고 있습니다. 지금 회계사나 의대, 로스쿨 시험을 준비하는 것만큼 어리석은 선택은 없을 것입니다.

 AI가 가장 잘 수행하는 일이 패턴(유형)으로 개념을 분류하고 결과물을 도출해내는 작업입니다. 인간 사회의 수많은 갈등 구조를 유형으로 분류하는 일은 AI가 가장 잘 하는 일 가운데 하나입니다. 막장 드라마를 가장 잘 쓸 수 있는 게 인공지능입니다.
 2023년 5월 1일 노동절에 파업을 벌인 1만 1,500여명 조합원의 미국 헐리우드 영화 - 방송작가 노조는 요구조건에 인공지능 도입에 따른 작가 권리 보호책 마련을 내걸었습니다.

 인간은 어떤 분야든 약 10만 개 정도의 지식 덩어리를 갖추고 있으면 전문가로 인정받을 수 있습니다. 의료진들의 지식공유 시스템을 분석해본 결과 의학전문가는 자신의 전공 분야에서 약 10만 개 정도의 개념에 대해 통달하고 있었다고 합니다. 셰익스피어는 약 3만여 개의 단어와 10만여개의 어휘(단어, 숙어, 구동사, 속담 등)로 희곡을 썼습니다.

체스의 1인자 카스파로프는 약 10만 개 정도 경우의 수를 안다고 합니다. 바둑은 경우의 수가 10의 170승 정도 됩니다. 사실상 무한대나 마찬가지입니다. 이세돌을 4:1로 이긴 알파고는 약 400만 개의 대국을 학습해서 1초당 약 10만 개 정도 경우의 수를 계산했다고 알려져 있습니다. 사람은 다음 수를 둘 때 보통 약 100개 정도 경우의 수를 생각할 수 있습니다.

인공지능의 지식 덩어리는 10만 개가 아니라 이미 천문학 단위입니다. 인간 일자리의 대부분은 패턴을 분류하고 개념과 지식 덩어리를 적용해서 이루어지는 것들입니다. 인공지능이 어떤 분야의 일자리부터 대체해 나갈지 불문가지입니다.

AI의 인간 노동자 일자리 대체를 한국의 노동자들은 아직 실감을 못하고 있는 것처럼 보입니다. 조만간 수많은 노동자들의 일자리는 천천히 그리고 어느 순간 그야말로 전광석화처럼 인공지능이 대체할 것입니다.

미국의 변호사들은 미국 변호사 시험에 상위 10%의 성적으로 합격한 인공지능에게 급속하게 일자리를 빼앗기고 있습니다.

잠시 생각을 해봅시다. 사무관리직 노동자들 월급으로만 매달 수억원을 지불해야만 하는 중소기업 고용주가 있습니다. 그런데 최저임금보다 약간 많은 한 사람 인건비로 이 모든 직원의 업무를 대체할 수 있다면, 당신이라면 어떤 선택을 하겠습니까.

기업의 대량 해고 사태는 눈에 불을 보듯 뻔한 일입니다.

노동자 공동체 운동은 왜 실패했을까

샘 올트먼이 왜 자신의 개인 돈을 들여 2020년 11월부터 3년 동안 1,000명에게는 매달 1,000달러, 2,000명에게는 매달 50달러씩 주는 '샘 올트먼의 기본소득' 실험을 했는지 이해가 가실 것입니다.

2016년 알파고와 이세돌의 바둑 대국 당시 알파고가 이길 것이라고 예측한 한국의 AI 전문가는 단 한 사람도 없었습니다. 오히려 구글은 이세돌이 한 판 이긴 것에 대해 놀랐다고 합니다.

AI의 급격한 일자리 빼앗기에 대해 아직은 그렇게 우려할 정도는 아니라고 예측하는 전문가들이 있습니다. 헛소리입니다. 초지능 폭발이 일어나기도 전에 인간지능의 일자리 소멸은 아마도 가장 중요한 비상사태로 등장할 것입니다.

구소련을 비롯해서 사회주의 공동체가 실패한 근본 원인은 다른 데 있지 않습니다. 그런 계급투쟁의 사회운동은 자본가 계급과 소생산자 계급 등 다른 계급과 사회집단을 타도하고 소멸시켜야만 하는 적으로 규정했습니다. 당연히 다른 계급 또한 살기 위해서는 노동자 계급을 적으로 규정하고 대항할 수밖에 없습니다.

무엇보다도 스탈린은 소농 가족농들이 대다수인 농민들에게서 강제로 토지를 빼앗고는 농업노동자로 전락시켜 버렸습니다. 농민들이 토지를 소유한 소소유자, 이른바 쁘띠 부르조아이기 때문에 사회주의 사회의 주체인 노동자로 탈바꿈시켜야 한다는 주장이었습니다. 마르크스도 자본론에서 밝혔듯이 농사는 자신의 토지에 대해 잘 알고 애정을 갖고 있는 소농들이 가장 생산성이 높습니다.

결국 식량 수출국이었던 구 소련은 식량 부족 사태로 망하고 말았습니다.

자본가들이 감옥과도 같은 공장과 회사 안에 군대식의 위계질서를 만들어 억압하고 착취하고 통제하고 관리하는 시스템을 만드는 것은 그렇게 해야 손쉽게 최대 이윤을 뽑아낼 수 있기 때문입니다. 그러나 동시에 그렇게 해야 노동자들의 저항을 무력화 시킬 수 있다는, 노동자들의 반란과 투쟁에 대한 두려움 또한 내재해 있습니다.

전태일의 깨달음이 놀랍고 위대한 것은 이 때문입니다. 전태일은 틱낫한 스님이나 틱꽝득 스님으로부터 가르침을 받은 적이 한번도 없습니다.

그럼에도 그는 진정한 투쟁이란 사람들을 적으로 타도하는 것이 아니라 사람들의 마음 속으로 들어가 그를 감동시키고 그의 내면으로부터의 공명을 이끌어내 더불어 함께 세상을 바꾸는 것이라는 사실을 스스로 깨달았습니다.

공산주의 운동을 비롯한 노동자들의 공동체 운동에는 전태일의 이같은 깨달음, 영성, 자비와 연민이 없었습니다.

기후지옥과 불평등, 초지능 시대의 거의 유일한 구명보트이자 사회안전망은 지역공동체밖에 없습니다. 전태일의 깨달음과 자비와 연민을 불러 일으키는 이웃 민주주의 운동, 지역의 이웃공동체 재생운동, 그것이 노동자들의 거의 유일한 활로입니다.

노동자 공동체 운동은 왜 실패했을까

7. 생명체로 깨어나기

인간과 AI의 차이점

사람과 인공지능의 아마도 가장 뚜렷한 차이점은 사람은 지구별 생태계와 연결되고 통합되어 있는 생명체라는 사실입니다. 인공지능은 기계입니다. 아무리 과학이 종교가 된 시대일지라도 지구별 생태계와 생명체라는 개념을 새로 정의하고 변경하지 않는 이상 기계를 생명체라고 할 수는 없습니다.

사람은 0과 1의 전기부호가 흐르는 약 1.4kg의 뇌세포 덩어리로 환원되지 않습니다. 결코 유전자가 사람의 주인이자 실체이고, 사람은 유전자의 운반도구에 불과한 수단이 아닙니다.

사람은 한 사람 한 사람이 온전하게 이 우주와 지구별 생태계에 통합된 소우주 그 자체입니다. 지구별 생명체는 모두 서로 함께 연결되어 존재하는 '하나'입니다.

사람의 몸을 비롯한 시구 생명체는 매 순간 세포의 소립자 차원에서 빅뱅처럼 우주 폭발이 일어나고 매순간 수십만 개의 세포가 태어나고 죽습니다.

우리 몸의 세포는 1초에 약 380만 개가 태어나고 죽고 교체됩니다. 하루에 3,300억 개나 됩니다. 우리는 매 순간 태어나고 죽는 '사건'으로서의 생명체입니다.

사람 몸에는 사람 세포 수보다 훨씬 많은 약 100조 개의 박테리아, 바이러스, 곰팡이가 터를 잡고 살고 있습니다. 우리 몸은 매 순간 태어나고 죽는 '나'와 동시에 역시 매 순간 태어나고 죽는 100조 개의 '또다른 나'인 미생물이 함께 공존하는 커다란 또 하나의 복합 생명체입니다.

　사람이 숨을 들이마시고 내쉴 때 평균 약 25해 개나 되는 분자가 들어왔다 나갑니다. '해'라는 숫자 단위는 25 뒤에 0이 20개 있는 숫자입니다. 사람의 인지 능력 밖의 숫자입니다. 사람 몸과 미생물 세포 수와는 비교조차 되지 않습니다.

　우리가 숨을 내쉴 때는 내 몸 안 구석구석 세포에 있던 이산화탄소 분자만 몸 밖으로 나가는 게 아닙니다. 새로 탄생한 세포 대신 교체된 세포도 나갑니다. 숨을 들이마실 때는 내 앞과 옆, 뒤의 다른 사람들이 날숨으로 내뱉은 폐기된 세포가 그대로 내 몸 안으로 들어옵니다.
　다른 사람의 몸속에 있던 바이러스와 박테리아, 곰팡이 등도 들어오고 숲에 가득한 휘발성 유기화합물(BVOCs)과 수증기, 기타 탄화수소 등도 들어옵니다. 그리고 다시 내 몸 밖으로 나갑니다.

　무게로 치면 하루 약 13.6kg이나 됩니다. 우리가 하루에 먹는 음식은 평균 약 1.8kg입니다. 물은 약 2.3kg 마십니다.

　사람의 들숨날숨 호흡은 우주의 빅뱅과도 같은 수축과 폭발입니다.

들숨날숨으로 들어오고 나가는 이 모든 물질들은 우주 탄생 이래 138억 년 동안 대물림되어 존재해 오던 우주 먼지들입니다. 우주 먼지는 햇빛에 분해되어 우주 전체에 퍼졌다가 다시 합쳐집니다.

숨을 쉰다는 것은 우리를 둘러싸고 있는 세계 속에 담긴 우리 자신을 흡수한다는 것입니다. 세계 속에서 끊임없이 들락거리며 운동하고 있는 작은 생명의 파편들을 받아들이고, 그것들을 이해하고, 우리 자신의 일부를 다시 내놓는 것입니다.[28]

내 몸 속에는 붓다와 예수, 무함마드의 체세포였던 분자들이 있고, 맘모스와 도도새와 대왕돌고래들이 배설한 똥오줌의 분자들도 있고, 물푸레나무들이 소통하던 유기화합물도 있습니다.
붓다와 예수와 무함마드가 나이고 너이고, 우리들입니다.

나와 너, 우리는 세계와 분리된 존재들이 아닙니다.
매순간 태어나고 죽는 사건들입니다. 서로를 조건으로 생기고 태어나고 일어나고 사라지고 죽는 과정으로서의 생명체들입니다.
우리 모두는 자매형제들이고 온전히 하나입니다.

생명체로 깨어나기

28 원혜·박승옥 함께 걷고 박승옥 적다, 어떻게 걸어야 하나: 걷기명상 , 기적의 마을책방, 2024.

초지능이 하지 못하는 또하나의 영역은 인간관계입니다. 인공지능이 인간과 교감하고 가족이나 절친보다 더 '나'를 이해하고 배려하고 아끼고 챙겨줄 수 있습니다. 그래도 다른 '사람'과의 대화와 소통과는 차원이 다릅니다.

AI가 급속도로 대체한 인간지능 일자리를 AI가 다시 만들어 낼 수 없습니다. 기존의 낡은 개발과 성장, 핵개인들의 이데올로기로는 그 어떤 일자리도 새로 만들 수 없습니다. 패러다임을 바꾸는 세계관의 일대 전환과 '깨어남' 없이는 인간은 기후-불평등 지옥에서 살아남을 수 있는 일자리와 그 어떤 사회안전망도 만들어내지 못합니다.

지금 여기 바로 이 순간 멈추는 게 필요합니다. 돈과 개발과 무한 성장의 질주를 멈추고, 탐욕을 멈추고, 내 안의 생명을 다시 바라보고 뒤돌아보고 성찰하는 것, 이것이 기후지옥-초지능의 시대 인간다운 삶의 첫걸음입니다.
생명으로 깨어남, 그것이 기계가 아닌 생명체로서의 인간다운 삶을 살 수 있는 첫걸음입니다.
그리고 이런 멈춤과 깨어남이 인간의 일자리를 만들어냅니다.

핵개인의 원룸 쳇바퀴 문을 열고 기적같은 지금 여기 지구별 생명체의 세상으로 나와 깊은 숨을 들이마셔야 우리 안의 깨어남이 일어납니다. 감옥에서 탈출해 대자유인의 삶으로 나아갈 수 있습니다. 자신의 고통과 상처를 정면으로 바라보고, 자

생명체로 깨어나기

비와 연민으로 불타는 우리의 마음과 세상을 껴안을 수 있습니다.

앞으로가 아니라 옆으로 시선을 돌리면 백팔십도 다른 삶과 세상이 펼쳐집니다. 거기에는 돈과 권력과 성공 대신 사람들이 있습니다. 사람들이 얼굴을 맞대고 모여 서로의 생각을 경청하고 나누는 대화, 이것이 이웃 민주주의의 시작입니다. 이것이 사회성 동물인 인간의 이웃공동체, 갈갈이 해체되어버린 지역공동체의 재생입니다.

사람과 사람 사이의 인간관계와 신뢰를 바탕으로 사기와 불신이 난무하는 디지털 플랫폼 기업들의 일자리 파괴를 대체하면서 사람 냄새가 나는 새로운 '사람다운' 일자리가 만들어집니다.

생존의 구명보트, 지역 이웃공동체

조선 후기 지방 관리들과 토호들의 극심한 착취로 땅과 소출을 빼앗기고 길바닥에 나앉게 된 농민들이 속출하였습니다. 이때 생존을 위해 전국에 걸쳐 농민들 스스로 만든 이웃공동체가 동학 공동체였습니다.

양반과 상놈, 남과 여, 아이와 노인 등의 차별 없이 모두가 몸과 마음 안에 한울님을 모시고 있다는 만민 평등의 동학 가르침은 조선 인민들의 마음에 벼락같은 충격을 준 일대 사건이었습니다. 신분사회였던 조선을 뒤흔들어 놓기에 충분한 일대 혁명사상이었습니다. 어떤 사람이든지 그 자신이 존귀한 한울

임이기에 한울님을 살리기 위한 기도와 수련은 마음의 일대 전
환이었고 새로 태어남이었습니다.

　가진 자와 못 가진 자가 서로 돕고 의지해서 살아가는 유무
상자(有無相資)의 실천은 가난한 빈민들이 다투어 동학 교도
로 들어오는 가장 큰 동인이었습니다. 공유와 공생의 자비행
그 자체였습니다. 우애와 환대의 그리스도교 초기 공동체와
똑같았습니다.

　수만 명의 교도들이 충청도 보은에 모였습니다. 처형된 교조
최제우의 억울함을 풀어주고, 동학 교도에 대한 탄압을 멈추
어 달라고 호소하는 보은취회의 모습은 예수의 오병이어 기적
과 똑같은 협동과 상생의 공동식사 공동체 모습이었습니다.

　이로 말미암아 보따리장수 해월 최시형이 도피 중에 전국을
돌며 포교를 통해 동학의 교세를 크게 확대시킬 수 있었습니
다. 삼남(전라, 경상, 충청)에 가가호호 동학교도가 없는 집이
없다고 할 정도였습니다.

　1894년의 동학 혁명운동을 흔히 서구 근대 인문사회과학의
문법이나 마르크스주의 논리에 따라 갑오농민전쟁이라고 명명
하는 사람들이 많습니다. 역사 왜곡입니다. 동학을 거세시키고
동학혁명을 농민의 계급투쟁으로만 격하시키는 이데올로기 도
그마에 갇힌 해석입니다. 북한의 동학혁명 해석이 그렇습니다.

　역사는 진보하고 발전한다는 이른바 서구 근대의 진보사관,
개발 성장주의 학문의 세계관에서는 그렇게 보일 수 있습니다.
그러나 그것은 예수 대신 예수와 함께 십자가에 못박혔던 당
시 유대 민족해방투쟁의 열심당원 지도자 세계관을 선택한 해

석입니다. 종교 대신 국가권력의 색안경을 쓰고 보는 세계관입니다.

이제 우리에게는 이런 진보주의 역사관, 생산력주의 세계관에 대한 전면 재검토와 성찰이 필요합니다. 이런 세계관이 초래한 세계가 다름아닌 지금 여기 기후지옥이고 극단의 불평등이고, 초지능 등장 전야의 세상입니다.

사람이 곧 하늘이라는 동학의 가르침과 유무상자 공동체는 소태산 박중빈의 원불교에서도 그대로 이어집니다. 일제 강점기 그 엄혹한 억압과 착취의 시절에 소태산은 스스로 사람과 세상의 이치를 깨달았습니다. 그리고 사람들의 마음 속으로 들어가 이들과 함께 협동조합을 조직하고 간척지를 개척해 가난한 사람들에게 농사지을 땅을 마련해주었습니다. 붓다의 가르침을 일상생활 속에서 실천하는 육바라밀 자비행의 선각자, 선구자였습니다.

전세계에서 유일한 도농상생의 유기농 직거래 생활협동조합인 한살림도 이같은 동학 공동체를 오늘의 세상에 걸맞게 재생한 네트워크 그물망입니다.

우리에게는 이런 근거지들이 전국 곳곳에 퍼져 있습니다. 지역에는 시민사회단체들과 각종의 소공동체들이 알게모르게 널리 퍼져 있습니다.

지역공동체 해체를 넘어 이제는 지역 자체가 소멸되어 가고 있습니다. 전국 시군구 2곳 중 1곳은 소멸위험 지역으로 분류될 정도로 특히 농촌 지역의 고령화 문제는 최대 현안으로 부각되고 있습니다.

실제로 수도권과 가까워 인구감소가 덜한 충남의 15개 시군 중 소멸위험 시군은 12개에 이릅니다. 65세 이상 고령층이 전체 주민 중 1/3을 넘는 시군도 서천(40.1%), 부여(39), 청양(38.8), 태안(35.2), 금산(34.7), 아산(33.8) 등 6개 시군에 달합니다. 공주는 28.1%, 천안은 12.8%, 계룡은 13.8%입니다.

소멸위험 지역의 가장 큰 문제는 고령화와 함께 일자리가 없는 것입니다. 이에 대한 국가와 기업의 지속가능한 대책은 없습니다. 오히려 국가와 기업은 무수히 많은 성장과 개발 지상주의 정책, 법과 제도를 통해 지역 소멸을 앞장서서 가속화시키고 있습니다.

지역주민들이 스스로 더불어함께 살 길을 찾을 수밖에 없습니다.

더이상 국가와 기업, 시장에 기후지옥과 불평등 지옥, 초지능 시대의 구명보트를 기대할 수 없습니다. 우리 스스로 이웃 공동체의 사회안전망을 만들어 나갈 수밖에 없습니다.

이웃과 손을 맞잡고 더불어 함께 공생-공유의 생활안전망을 구축하면서 지역공동체를 재생하는 기후살림, 지역살림이 거의 유일한 생존의 구명보트입니다.

지역 공유플랫폼 협동조합 운동

생명체로 깨어나기

디지털 온라인 플랫폼 사업은 급속하게 기존의 판매 유통 사업을 대체하면서 아마존, 쿠팡, 네이버 등 거대 기업으로 성장해 있습니다. 그러나 오직 최대이윤만을 추구하는 거대 온라인 플랫폼 기업의 가장 큰 문제점은 신뢰의 문제입니다. 숨고, 당근마켓, 네이버스토어 등 직거래 플랫폼의 사기 피해는 수십만 건으로 해마다 급증하고 있습니다. 2022년 한 해의 당근마켓 사기 피해액만 3천억 원이 넘습니다.

협동조합은 신뢰할 수 있는 물품과 서비스를 직거래하는 경제조직입니다. 나아가 이웃민주주의를 실천하는 정치사회 조직이기도 합니다.

시각과 청각을 통한 SNS의 얇고 옅고 쉽게 끊어지는 인간관계와 달리, 눈귀코혀살갗머리의 직접 대면접촉을 통한 인간관계는 매우 깊고 강하며 지속가능한 신뢰 관계 형성으로 이어집니다. 신뢰관계의 네트워크가 곧 상호부조의 생활안전망으로 이어질 수 있습니다.

협동조합은 이같은 대면의 접촉이 우선이고 비대면 접촉은 보조 수단입니다. 협동조합의 공유플랫폼은 비서이자 보좌 역할을 수행합니다.

예컨대 급하게 야근을 해야 해서 1~2 시간 정도 아이를 맡겨야 하는 한부모 가정 직장 여성이 있다고 칩시다. 친정 식구도 없고 아는 이웃도 없으면 참으로 난감하기만 합니다. 혼자 사는 직장 여성이 수도-전기 등에 사소한 문제가 생기면 기술자를 부르고 싶어도 어쩐지 늘 찜찜하기만 합니다.

이 때 친정 오빠나 친정 엄마같은 신뢰의 이웃이 있다면 사기나 기타 피해 걱정 없이 안심하고 문제를 해결할 수 있을 것입니다.

이런 경우 지역의 공유플랫폼이 지역 주민들로 구성된 심사위원회의 검증을 거쳐 신원이 확실하고 신뢰할만한 지역의 이웃 주민을 추천-연결하고 사후관리까지 책임지는 온오프 병행 시스템을 갖추고 있다면 그야말로 안성맞춤일 것입니다.

신뢰를 기반으로 온-오프가 결합된 지역별 공유플랫폼은 이 같은 돌봄과 집수리 서비스뿐만 아니라 농산물 직거래부터 의식주 삶의 모든 분야에서 공생과 공유를 실천할 수 있습니다. 사각지대 취약계층의 생활안전망 구축 기반을 마련할 수 있습니다. 의미있는 지역공동체 이웃 관계망을 새롭게 재생시킬 수 있습니다.

이미 IMF 사태 때 여기저기서 실험했던 지역화폐 운동과 같은 맥락의 지역공동체 재생운동입니다. 대전 한밭레츠는 아직도 열심히 지역화폐 활동을 이어가고 있습니다.

지역 공유플랫폼은 직거래, 일자리 중개, 돌봄, 집수리, 재활용, 자영업, 교육, 의료 등 생활세계의 모든 분야에서 지역 주민들을 서로 연결시켜 줄 수 있습니다. 한 알의 씨앗이 마을을 지키는 거대한 느티나무가 되고 숲이 되듯이 전후방 연관효과를 통해 노인, 여성, 청년 등 지역 취약계층 주민들의 새로운 일자리를 만들어 낼 수 있습니다. 지역순환경제의 주춧돌이 될 수 있습니다.

기업형 슈퍼마켓(SSM)이 골목상권의 소생산자들을 지금도

　　　　　　　　　　　생명체로 깨어나기

퇴출시키고 있는 중입니다. 이들의 재생과 연대를 복원시키는 일은 상부상조의 지역공동체를 재생하는 출발점입니다. 수많은 소생산자들을 되살리는 일은 다품종 소량의 수많은 일자리를 창출하는 보물창고를 짓는 것과 같습니다.

독일 함부르크의 본디 이름은 '함부르크 자유 한자(Hansa)시'입니다. 여기서 알 수 있듯 사실 서구의 도시는 중세 시대부터 소생산자 자영업 협동조합들이 '한자동맹'과 같은 연대연합을 통해 봉건영주로부터 쟁취한 자립과 자치의 협동조합 '자유도시'였습니다.

무엇보다도 오늘날 일자리의 마르지 않는 수원지는 식량위기의 대안이자 피난처인 농업-농촌에 있습니다. 도시와 농촌 지역 공유플랫폼 네트워크는 계절별 단기 일자리 연결 중개 플랫폼이 될 수도 있습니다. 제가 살고 있는 공주 지역에서는 밤 수확기에 일손이 없어 밤을 썩히는 경우가 비일비재합니다.

이같은 일자리 중개와 농산물 직거래 등을 통해 특히 은퇴 노동자들의 농촌 지역 주민들과의 신뢰를 통한 귀농귀촌과 빠른 정착을 가능케 할 수도 있습니다. 그밖에도 도시-농촌 상생의 다양한 일자리 창출을 선보일 수 있습니다.

왜 협동조합인가

지역별 공유플랫폼은 이용자인 지역 주민이 주인인 협동조합으로 운영하는 것이 가장 적합합니다. 협동조합은 이윤이 목적이 아니라 조합원의 경제-사회-문화 등의 혜택이 목적입니다. 이를 위해서는 만인의 만인에 대한 경쟁 지상주의, 지역 환경 파괴의 개발과 성장 지상주의 세계관을 바꿔야 합니다. 기후 재난에 대한 각성과 함께 더불어함께 협동하고 공생하는 유무상자 세상으로의 세계관 변화가 필수입니다.

공유플랫폼 협동조합의 창립과 성공을 위해서는 끊임없는 주민 조합원 학습훈련과 워크숍이 필요합니다. 지역별 공유플랫폼을 만들고 운영하고 사업이 성공하기 위해서는 지역사회 조직화 촉진자가 ① 초동주체 15명 안팎, ② 창립조합원 150여 명 이상을 조직해야 하며, 때문에 촉진자(활동가)를 길러내고 지원하는 일이 무엇보다도 중요합니다.

극단의 기후재난과 불평등, 초지능 시대, 우리에게는 지금 빈농과 자영농, 여성, 천민 등 모두가 스스로 평등세상을 향해 나아갈 수 있도록 동학의 개벽 세상 씨앗을 전국 방방골골에 뿌린 2대 교주 해월 최시형과 같은 수많은 지역별 안내자, '보따리 장수'가 꼭 필요합니다.

공유플랫폼 사업의 초기 마중물은 이에 공감하는 수많은 전태일들의 기금 조성을 통해 마련할 수 있습니다. 새로운 세상을 향해 노를 저어갈 수 있는 풀뿌리 민주주의의 '보따리 기금'입니다.

무엇보다도 지역 주권자 주민들이 스스로 주체로 나서는 자비행의 실천이 중요합니다. 공유플랫폼을 통해 기후재난과 인공지능의 쓰나미를 함께 헤쳐나갈 구명보트를 만드는 일은 21세기 새로운 '지금 여기 전태일' 운동입니다.

여의도 극장정치 쇼 관객에서 주권자 직접 정치의 주인으로

1945년 8월 15일 해방 당일부터 9월 8일 미군이 진주하고 9월 9일 광화문 총독부 청사에 미군 성조기가 게양되기까지 26일 동안 조선반도는 사실상 권력이 무력화된 '공백' 기간이나 다름없었습니다. 권력의 공백 기간이란 앞으로 어떤 권력이 형성될지 결정되는 모색의 시간이자 매 순간순간이 미래를 결정하는 쟁투와 결단의 소용돌이 그 자체입니다.

그런데 미군이 진주하기 직전인 9월 6일 당시 조선 인민들 대다수의 지지를 받고 있던 조선공산당과 박헌영은 여운형을 앞세워 인민공화국을 선포했습니다. 헌법도 제정하지 않고 몇백명이 모여 국가를 만들다니 그야말로 뜬금없고 어리석고 심하게 말하면 웃기는 해프닝이었습니다. 당시 조선반도 대부분의 시군에서는 주민들의 전폭 지지 아래 식민지 민족해방투쟁에 압장섰던 지역의 독립운동가들을 중심으로 좌우합작의 인민위원회가 속속 결성돼 일제가 물러난 공백기간의 치안유지와 행정 업무를 충실히 집행하고 있었습니다.

좌우합작의 연대와 연합은 이때부터 어긋나기 시작했습니다. 그리고 결국 한때 미군정도 지원했던 좌우합작운동도 실패하고 조선은 전쟁으로 치닫고 말았습니다.

조선과 비슷한 처지에 놓여 있던 오스트리아가 반나치 투쟁에 앞장섰던 정치인들을 중심으로 끈질긴 협상과 대화를 통해 좌우합작의 연대연합을 성공시켜 연합국의 신탁통치를 받아들이고, 영세중립국으로서 동서 냉전의 틈바구니에서 번영을 구가한 사실과 너무도 선명하게 비교가 됩니다.

1987년 6월 항쟁으로 6.29선언이 나오고 10월 12일 직선제 개헌과 함께 12월 16일 대선이 치러지기까지 약 6개월의 기간도 사실상 권력의 공백기간이나 마찬가지였습니다. 널리 알려져 있듯이 이 때도 반독재 민주화투쟁의 정치 지도자 김대중과 김영삼은 연대와 연합을 외면해 결국 권력은 또다시 군사독재 세력에게 넘어가고 말았습니다. 쿠데타가 아니라 선거를 통해서 집권했기에 노태우 정권의 정당성에 대해 그 누구도 시비를 걸 수 없었습니다.

당시 6월항쟁의 승리로 가장 큰 반독재 사회운동 세력이었던 학생운동과 재야 민주화운동 세력도 이른바 비판적지지, 후보단일화, 독자후보 등으로 갈라져 기득권 독재 세력의 뿌리를 잘라낼 절호의 기회를 날려버리고 말았습니다.

2016/2017 겨울의 촛불항쟁으로 2016년 12월 9일 여야 의원 234명의 찬성으로 국회에서 박근혜 탄핵이 가결되었습니다. 이후 2017년 5월 9일 대선이 치러지기까지의 6개월도 마찬가지로 권력의 공백기간이었습니다.

이때 탄핵에 찬성표를 던지고 새누리당을 탈당한 세력까지 연대해서 할 수 있는 가장 중요한 정치행위는 촛불항쟁 당시 가장 많이 외쳐진 민주공화국의 국민주권을 실현할 수 있는 국민발의권 개헌이었습니다. 그러나 이때도 곧바로 선거라는 권력 쟁투의 게임 속으로 들어가 연대연합의 개헌 추진은 물거품으로 돌아가고 말았습니다.

대의정 체제 아래에서 우리는 몇 달 간의 권력 공백기간을 4~5년마다 한 번씩 맞이하게 됩니다. 이 때의 선거 기간이야말로 연대 연합을 통해 국민주권을 실현할 수 있는 절호의 기회입니다. 물론 그런 국민주권 실현의 사회운동 세력이 존재할 때 가능한 일입니다.

한국 노동운동은 이런 민주주의의 핵심 원리와 연대 연합의 원칙에서부터 다시 새로운 돌파구를 찾아나갈 수 있을 것입니다.

SNS의 도파민 중독에서 탈출해야 건강한 뇌를 되찾고 건강한 삶을 되찾을 수 있듯이 여의도 극장정치에 대한 도파민 중독에서도 탈출해야 살길을 찾을 수 있습니다. 이른바 보수-진보로 극단화된 적대적 공존의 한국 양당 정치는 기후지옥-불평등에 대한 어떠한 대책도 실행에 옮기지 못합니다. 그냥 대한민국의 부를 흥청망청 탕진하기만 할 뿐입니다. 주권자들의 생활을 도탄으로 이끌 뿐입니다. 윤석열 정부가 단기간에 그걸 가장 잘 실감나게 증명해 보이고 있습니다.

마음에서 우러나오는 자비행의 지역공동체 재생이 구명보트입니다. 지역 공유플랫폼이 이를 촉진하는 보좌 역할을 수행할 수 있습니다. 풀뿌리 주권자들의 지역정치 네트워크가 엘리트 기득권들의 여의도 극장정치 쇼를 문닫게 만들 수 있습니다.

지역 공유 플랫폼은 보수-진보를 뛰어 넘어 그런 지역정치

전환의 근거지를 제공해 줄 수 있을 것입니다.

지금 여기 전태일 행동은 이런 일을 합니다.

1. 21세기 새로운 감수성의
전태일 영화와 드라마를 제작합니다

시대와 세대가 변하면 사회와 문화도 바뀝니다. 21세기 디지털 시대, 기후지옥과 불평등, 초지능을 앞둔 시대정신에 걸맞게 전태일 영화와 드라마를 새로운 내용과 감수성으로 새롭게 제작합니다.

새로운 시대에는 새로운 인물들의 전형이 등장합니다. 이세돌이 알파고를 이긴 대국의 승부수처럼 기존의 패러다임과 유형(패턴)을 뛰어넘는 성격들이 필요합니다.

영웅과 구세주가 아니라 기후지옥과 초지능의 세상을 함께 헤쳐나갈 수 있는 장삼이사 이웃들의 감동어린 이야기들이 사람들의 마음 속으로 들어갈 수 있습니다.

우리는 새로운 전태일 영화에 대해 노동단체와 시민사회단체는 말할 것도 없고, SF 작가와 시인 등 문학인, 미술-음악-무용 등 예술인, 영화와 드라마의 감독과 작가 등 영화인, AI 과학자-개발자 등 AI 전문가, 양자역학 물리학자를 비롯한 과학자, 기후학자, 인문사회과학자, 교사, 언론인, 종교인, 경영인, 농부, 소상공인 등등 다양한 분야와 직종에 종사하는 분들과 가능한 수없이 많은 토론회와 집담회를 개최하고자 합니다.

그를 통해 우리 시대에 대한 서로 다른 견해와 세계관을 드러내놓고 소통하고, 사람들의 탐욕과 어리석음, 사람들의 고통과 자비행을 동시에 성찰해보고자 합니다.

그런 성찰과 세계관에 대한 알아차림이 영화 감독과 연기자들에게 도움이 될 수 있습니다.

우리는 제작 방식 또한 거대 자본이 투자해 최대 이윤을 추구하는 제작 방식을 벗어나고자 합니다. 장삼이사의 수많은 '지금 여기 전태일'들이 한푼두푼 기부하고 투자하는 방식으로 종자돈을 모을 것입니다. 적정 잉여를 지향하는 국민 영화와 국민 드라마 제작 방식을 채택할 것입니다.

감독과 시나리오 작가, 출연 배우 등도 시군구 지역별로 스스로 만든 '지금 여기 전태일 모임 전국 연대'에서 수많은 사람들의 의견을 모아 선정합니다. 영화와 드라마 상영 또한 상업 방송 뿐만 아니라 전국 각지의 공동체 상영 등 다양한 방식을 도입합니다.

2. 공유플랫폼 협동조합 조직의 마중물이 됩니다

지역별 공유플랫폼 협동조합을 창립하는 데 뒷배, 마중물로 지원하고 돕습니다.

필요하면 초동 주체로 나서고, 필요하면 촉진자로 나설 수도 있습니다.

3. 국민발의제-국민소환제
헌법개정 국민운동을 벌여나갑니다

노동자와 국민 대다수가 원하고 요구하는 각종 민생법안은 대부분 재벌과 기득권자들의 돈과 권력에 의해 무산되기 일쑤입니다. 국민들의 주권을 소수 엘리트 기득권자들에게 위임한 대의정과 선거제도 때문에 일어나는 어처구니없는 현실입니다.
이제는 바꿔야 합니다.

노동자와 우리 국민 모두는 직접 국가를 통치할 수 있는 능력이 있습니다. 이같은 직접 민주주의 정치가 실현되려면 국민발의제-국민소환제가 도입되는 헌법개정이 꼭 필요합니다. 윤석열 정부의 무능력으로 헌법개정 가능성이 그 어느 때보다 높은 지금이 기회입니다.

우리 모두는 '뒷것'입니다. 노동자와 지역 주민들이 전국 228개 시군구별 전태일로 모여 만든 '지금 여기 전태일 모임'이 뒷것으로 국민발의제 서명운동의 마중물이 될 수 있습니다. 지역의 사회단체와 연대해서 '제7공화국 국민발의제-국민소환제 헌법개정 추진위'를 결성하는데 역시 마중물과 뒷배가 될 수 있습니다.

지역 전태일 모임에서 국민발의제 개헌 서명운동이 시작되고 지역 서명운동이 전국민 서명운동으로 확산되면 폭발력있는 한국의 21세기 차티스트 운동으로 나아갈 수 있습니다.

수많은 지역 전태일의 연대연합이 직접 민주주의 체제로 세상을 바꿀 수 있습니다.

4. 지금 여기 전태일 모임

시군구별 지금 여기 전태일 모임과 '지금 여기 전태일 모임 전국 연대'는 상향식과 하향식으로 동시에 조직합니다. 모든 정치와 경제-사회-문화가 중앙집중화된 한국의 현실에서 그렇게 해야 비로소 지역을 기초로 한 전국 단위 연대연합이 가능해집니다.

지역 모임과 전국 연대는 비폭력 대화, 민주주의와 연방주의 원리에 따라 모임을 운영합니다.

지역별 지금 여기 전태일 모임은 전국 연대와 함께 '지금 여기 전태일 워크숍'을 열어 끊임없이 소통하고 학습하고 토론합니다. 지역에서 10~20인으로 준비위원회를 결성하고 지금 여기 전태일 행동을 실천해 나갑니다. 준비위 참여 주민이 150여명 이상이 되면 창립총회를 개최합니다.

모임 결성과 운영, 사업 등에 필요한 재정과 각종 준비 사항은 지역에서 스스로 마련합니다. 자립을 원칙으로 하되 필요하면 다른 지역과 함께 서로 돕습니다.

지금 여기 전태일 운동은 평범한 우리 모두의 마음이 깨어나

시군구 지역 주권자 주민에게 제안드립니다

는 거대한 사건입니다.

　내 안의 전태일을 모시고 살리면서 동시에 나의 나인 이웃의 전태일과 연결되는 생명의 거대한 재연결 활동입니다.

　나 자신과 우리 모두의 생생한 과정으로서의 삶 그 자체입니다.

지금 여기 전태일

1판 1쇄	2024년 11월 13일

지은이	민종덕 ┃ 박승옥

편집	서동민
인쇄	상지사

펴낸이	박승옥
펴낸곳	기적의 마을책방
출판등록	2018년 1월 3일 제712-96-00538호

주소	충남 공주시 사곡면 운정길 35 햇빛학교
전화번호	041-841-2030

ISBN 979-11-988211-1-9 03300

값 12,000원